Business, Economics, and Law

Reihe herausgegeben von

Stefan Zeranski, Wolfenbüttel, Deutschland

Svend Reuse, Essen, Deutschland

In einer Wissensgesellschaft ist es erforderlich, Erkenntnisse aus sehr guten wissenschaftlichen Arbeiten frühzeitig zu fixieren und mit der Praxis zu verknüpfen. Die Reihe „Business, Economics, and Law" befasst sich mit aktuellen Forschungsergebnissen aus den Wirtschafts- und Rechtswissenschaften und leistet damit einen Beitrag zum Diskurs zwischen Theorie und Praxis. Sie gibt Anregungen zu Forschungsthemen und Handlungsimpulse für die Praxis. Springer Gabler Results richtet sich an Autoren, die ihre fachliche Expertise in konzentrierter Form präsentieren möchten. Externe Begutachtungsverfahren sichern die Qualität. Die kompakte Darstellung auf maximal 120 Seiten bringt ausgezeichnete Forschungsergebnisse „auf den Punkt". Springer Gabler Results ist als Teilprogramm des Bereichs Springer Gabler Research besonders auch für die digitale Nutzung von Wissen konzipiert. Zielgruppe sind (Nachwuchs-)Wissenschaftler, Fach- und Führungskräfte.

Herausgegeben von

Prof. Dr. Stefan Zeranski
Brunswick European Law School
(BELS)
Wolfenbüttel

Prof. Dr. Svend Reuse
FOM – Hochschule für Oekonomie
und Management
isf – Institute for Strategic Finance
Essen

Weitere Bände in der Reihe http://www.springer.com/series/11633

Max Willen

Die Business Judgement Rule

Auslegung der Legalitätspflicht bei unklarer Rechtslage

 Springer Gabler

Max Willen
Frankfurt am Main, Deutschland

Zugl.: Frankfurt am Main, Frankfurt University of Applied Sciences, LL.B.-Thesis, 2019

ISSN 2625-6959   ISSN 2625-6967   (electronic)
Business, Economics, and Law
ISBN 978-3-658-31321-0   ISBN 978-3-658-31322-7   (eBook)
https://doi.org/10.1007/978-3-658-31322-7

Planung/Lektorat: Carina Reibold
Springer Gabler ist ein Imprint der eingetragenen Gesellschaft Springer Fachmedien Wiesbaden
GmbH und ist ein Teil von Springer Nature.
Die Anschrift der Gesellschaft ist: Abraham-Lincoln-Str. 46, 65189 Wiesbaden, Germany

Inhaltsverzeichnis

Abkürzungsverzeichnis

Abkürzung	Bedeutung
A.	Aktionär
Abs.	Absatz
a.F.	alte Fassung
AG	Aktiengesellschaft
Art.	Artikel
Begr. RegE	Begründung Regierungsentscheidung
BFH	Bundesfinanzhof
BGH	Bundesgerichtshof
BT-Drucks.	Bundestag-Drucksache
bzw.	beziehungsweise
DCGK	Deutscher Corporate Governance Kodex
D&O	Directors and Officers
etc.	et cetera
EU	Europäische Union
f.	folgende
ff.	fortfolgende
GE	Geldeinheiten
GmbH	Gesellschaft mit beschränkter Haftung

h.M.	herrschende Meinung
i.d.F.	in der Fassung
i.S.d.	im Sinne des
i.V.m.	in Verbindung mit
KGaA	Kommanditgesellschaft auf Aktien
LK	Leerkäufer
LV	Leerverkäufer
Nr.	Nummer
Rn.	Randnummer
S.	Satz *oder* Seite
SE	Societas Europaea
sog.	sogenannte
u.a.	unter anderem
v.A.	vor Allem
vgl.	vergleiche
Vorb z	Vorbemerkungen zu
vs.	versus
z.B.	zum Beispiel

A. Einleitung

I. Hinführung zum Thema

1. Hintergrund dieser Arbeit

Vorstände, Geschäftsführer und Aufsichtsräte („Organträger") von Kapital-gesellschaften führen unter eigener Verantwortung die Geschäfte ihrer Gesellschaft. Dabei müssen sie tagtäglich Entscheidungen aus einer *ex-ante* Perspektive treffen. Mithin tragen solche unternehmerischen Entscheidungen naturgemäß das Risiko, dass die zukünftigen (Rechts-)Folgen der Entscheidungen nicht eindeutig, gar vollkommen unklar sind. Eine Fehleinschätzung der Organträger kann daher nicht kategorisch ausgeschlossen werden.

Demgegenüber führt die Literatur stets an, dass den Organträgern ein rechtlicher Beurteilungsspielraum nur dann gewährt wird, wenn sie stets innerhalb des gesetzlichen Rahmens handeln. Hinsichtlich der Frage, was der gesetzliche Rahmen ist, stehe ihnen jedoch kein Ermessensspielraum zu.[1] Da die jeweilige Rechtslage im Einzelfall aber nicht stets klar sein kann, kann der jeweilige Organträger gezwungen sein, eine Entscheidung unter einer unklaren Rechtslage zu treffen. Welchen Kriterien Organträger dann zu befolgen haben, um rechtssicher eine Entscheidung treffen zu können, ist weder vom Gesetzgeber noch von der Rechtsprechung abschließend geklärt. Zwar entwickelte der BGH in den ISION-Entscheidungen einen groben Ablaufplan der Entscheidungsfindung, allerdings war der zugrunde liegende Sachverhalt auf einen unzutreffenden Expertenrat bei einer eindeutigen Rechtslage bezogen.[2] Aber gerade in Zeiten der verstärkten Harmonisierung des Rechts innerhalb der EU durch Verordnungen, beispielsweise der DSG-VO oder Rechtsunsicherheit schaffenden Ereignissen wie den „Brexit", sind Entscheidungen der Organträger auf Grundlage unklarer Rechtslagen alltäglich gegenwärtig geworden.

Ironischerweise ist dabei festzustellen, dass die Entscheidungsfindung der Organträger bei einer unklaren Rechtslage selbst eine unklare Rechtslage darstellt. Insofern bedarf es einer Fortbildung des aktuellen Rechtsstands, damit

---

[1] vgl. nur *Buck-Heeb*, BB 2013, S. 2252; *Fleischer*, CCZ 2008, S. 1; *Säcker*, NJW 2008, S. 3316.
[2] Zur ISION-Entscheidung siehe *BGH*, NZG 2011, S. 1272 f.; *BGH*, NZG 2015, S. 794 f.

© Der/die Autor(en) 2021
M. Willen, *Die Business Judgement Rule*, Business, Economics,
and Law, https://doi.org/10.1007/978-3-658-31322-7_1

Entscheidungen unter unklaren Rechtslagen zukünftig einer klaren Rechtslage unterliegen. Solange der Gesetzgeber oder die höchstrichterliche Rechtsprechung keine endgültige Entscheidung getroffen haben, kann jedoch nur versucht werden, die aktuelle rechtliche Lage so auszulegen, dass eine rechtlich sichere Situation für die Organträger geschaffen wird.

2. Ziele dieser Arbeit

In der vorliegenden Arbeit soll daher eine mögliche Herangehensweise entwickelt werden, wie die gegenwärtige Rechtslage fortgebildet werden könnte. Hierbei wird sich die weitere Arbeit aus zeitlichen und inhaltlichen Gründen auf die Auslegung der Legalitätspflicht bei unklarer Rechtslage innerhalb der Aktiengesellschaft (AG) konzentrieren. Lediglich an manchen Stellen wird der Vollständigkeit halber ebenfalls auf die Gesellschaft mit beschränkter Haftung (GmbH) verwiesen.

Die Ausgangslage für diese Arbeit und gleichzeitig zentrale Norm innerhalb des Aktiengesetzes (AktG) bezüglich der Organhaftung ist § 93 AktG, der die Sorgfaltspflicht und Verantwortlichkeit der Vorstandsmitglieder regelt und zugleich in Abs. 2 S. 1 eine eigenständige Anspruchsgrundlage der Pflichtverletzung beinhaltet. § 93 Abs. 1 S. 2 AktG regelt zudem eine Exkulpationsmöglichkeit des Vorstandes bei Vorliegen einer Pflichtverletzung im Sinne des § 93 Abs. 2 S. 1 AktG, die auch „Business Judgement Rule" genannt wird.[3]

Die gutachterliche Prüfung der Business Judgement Rule erfolgt nach h.M. im Rahmen einer materiellen Inhaltskontrolle. Das bedeutet, dass die einzelnen Tatbestandsmerkmale gutachterlich geprüft werden müssen und bei vollständiger Bejahung des Tatbestandes (eine auf angemessener Informationslage und zum Wohle der Gesellschaft getroffene unternehmerische Entscheidung) die Haftungsprivilegierung der Business Judgement Rule für den jeweiligen Organträger eintritt. Liegt der Prüfung allerdings ein Sachverhalt zugrunde, welcher gegenwärtig keiner eindeutigen Rechtslage unterliegt, kann eine solche materielle Inhaltskontrolle nicht abschließend vorgenommen werden, da, unabhängig davon wie verantwortungsbewusst der Organträger vorgeht, die Handlung nicht endgültig als rechtlich gesetzestreu oder gesetzeswidrig gewertet werden kann. Sowohl in der

---

[3] vgl. hierzu § 93 Abs. AktG. Siehe weiterhin MHLS/*Ziemons*, § 43 Rn. 134; MüKoAktG/*Spindler*, § 93 Rn. 115; Spindler/Stilz/*Fleischer*, § 93 Rn. 43 f.

herrschenden Literatur[4] als auch in der Rechtsprechung[5] wird deswegen die unmittelbare oder analoge Anwendbarkeit des § 93 Abs. 1 S. 2 verneint und der Schutz des Organträgers über das Konstrukt eines unvermeidbaren Verbotsirrtums vorgeschlagen. Gleichwohl würde das bedeuten, dass der Organträger trotzdem eine Pflichtverletzung begangen hat. Hier würde eine persönliche Haftung des Organträgers nur deswegen ausgeschlossen werden, weil der Verbotsirrtum grundsätzlich zum Entfall der Schuld führt.[6] Im Ergebnis wäre die vorsätzliche Pflichtverletzung jedoch zu bejahen.[7] Das ist zum einen dogmatisch unsauber und zum anderen für den Organträger riskant. Denn mögliche Konsequenzen, wie beispielsweise die Aufhebung des Anstellungsvertrages wegen einer Pflichtverletzung, drohen nach wie vor.[8] Das Ziel sollte es daher sein, eine Lösung zu finden, die eben von Anfang an die Pflichtverletzung und den Vorsatz des Organträgers verneint.

Eine vielversprechende Möglichkeit wäre es hier, bei Vorliegen einer unklaren Rechtslage auf den Prozess der Entscheidungsfindung abzustellen, um die Handlung des Organträgers doch rechtlich in den Kontext des § 93 Abs. 1 S. 2 AktG einordnen zu können. Dann würde die Regelung des § 93 Abs. 1 S. 2 AktG nicht mehr einer Inhalts-, sondern einer Prozesskontrolle unterliegen, in welcher es herauszufinden gilt, ob die Handlung bzw. die Entscheidungsfindung des Organträgers bei unsicheren Rechtslagen dem ordnungsgemäßen Sorgfaltsmaßstab in der Geschäftswelt entspricht.

Ziel der vorliegenden Arbeit ist es deswegen herauszufinden, inwiefern anhand der Durchführung einer solchen Prozesskontrolle ermittelt werden könnte, ob eine Entscheidung unter Rechtsunsicherheit, unabhängig vom Vorliegen eines möglichen Rechtsirrtums, zur Haftungsprivilegierung des Organträgers nach § 93 Abs. 1 S. 2 AktG führen kann, ohne dass dabei die Pflichtverletzung des Organträgers zu bejahen wäre.

---

[4] vgl. nur *Buck-Heeb*, BB 2013, S. 2252; *Ebbinghaus/Hasselbach*, AG 2014, S. 874; Lackner/Kühl/*Kühl*, § 17 Rn. 7; Schönke/Schröder/*Sternberg-Lieben/Schuster*, § 17 Rn. 1; Spindler/Stilz/*Hefendehl*, § 399 Rn. 271.
[5] vgl. nur *BGH*, NZG 2011, S. 1272 f.; *BGH*, NZG 2015, S. 794 f.
[6] Lackner/Kühl/*Kühl*, § 17 Rn. 7; Schönke/Schröder/*Sternberg-Lieben/Schuster*, § 17 Rn. 1; *Thole*, ZHR (173) 2009, S. 524.
[7] Lackner/Kühl/*Kühl*, § 17 Rn. 7; Schönke/Schröder/*Sternberg-Lieben/Schuster*, § 17 Rn. 23.
[8] GK AktG/*Hopt/Roth*, § 93 Rn. 140; *Holle*, AG 2016, S. 271; Spindler/Stilz/*Fleischer*, § 93 Rn. 32.

II. Die Organhaftung und deren Business Judgement Rule als Exkulpationsmöglichkeit

Um eine fundierte inhaltliche Wissensgrundlage zu schaffen und gleichzeitig mögliche Anknüpfungspunkte für die spätere historische und teleologische Auslegung der Legalitätspflicht zu finden, wird zunächst nachfolgend die Business Judgement Rule in den historischen Kontext gesetzt.

1. Entstehungsgeschichte

Die heutige aktienrechtliche Organhaftung hat ihren Ursprung im § 241 HGB i.d.F. von 1897, der wie folgt lautet:

„(1) Die Mitglieder des Vorstandes haben bei ihrer Geschäftsführung die Sorgfalt eines ordentlichen Geschäftsmanns anzuwenden.

(2) Mitglieder, die ihre Obliegenheiten verletzen, haften der Gesellschaft als Gesamtschuldner für den daraus entstehenden Schaden.

(3) Insbesondere sind sie zum Ersatze verpflichtet, wenn entgegen den Vorschriften dieses Gesetzbuchs:

1. Einlagen an die Aktionäre zurückgezahlt,

2. den Aktionären Zinsen oder Gewinnantheile gezahlt,

3. eigene Aktien oder Interimsscheine der Gesellschaft erworben, zum Pfande genommen oder eingezogen werden,

4. Aktien vor der vollen Leistung des Nennbetrags oder, falls der Ausgabepreis höher ist, vor der vollen Leistung dieses Betrags ausgegeben werden,

5. die Vertheilung des Gesellschaftsvermögens oder eine theilweise Zurückzahlung des Grundkapitals erfolgt,

6. Zahlungen geleistet werden, nachdem die Zahlungsunfähigkeit der Gesellschaft eingetreten ist oder ihre Ueberschuldung sich ergeben hat.

(4) In den Fällen des Abs. 3 kann der Ersatzanspruch auch von den Gläubigern der Gesellschaft, soweit sie von dieser ihre Befriedigung nicht

erlangen können, geltend gemacht werden. Die Ersatzpflicht wird ihnen gegenüber weder durch einen Verzicht der Gesellschaft noch dadurch aufgehoben, daß die Handlung auf einem Beschlusse der Generalversammlung beruht.

(5) Die Ansprüche auf Grund dieser Vorschriften verjähren in fünf Jahren. "

Auffällig ist, dass der Großteil der damaligen Vorstandshaftung bis heute, teilweise sogar wortwörtlich, fortbesteht. Die heutige Regelung zur Anwendung einer gewissen Sorgfalt der Vorstandsmitglieder wurde allerdings erst 1937 in den damaligen § 84 AktG durch geringfügige Änderungen ergänzt, welche 1965 inhaltsgleich in den heutigen § 93 AktG übernommen wurde.[9] Der § 84 AktG i.d.F. von 1937 lautet wie folgt:

„(1) Die Vorstandsmitglieder haben bei ihrer Geschäftsführung die Sorgfalt eines ordentlichen und gewissenhaften Geschäftsleiters anzuwenden. Über vertrauliche Angaben haben Sie Stillschweigen zu bewahren.

(2) Vorstandsmitglieder, die ihre Obliegenheiten verletzen, sind der Gesellschaft zum Ersatz des daraus entstehenden Schadens als Gesamtschuldner verpflichtet. Sie haben nachzuweisen, daß Sie die Sorgfalt eines ordentlichen und gewissenhaften Geschäftsleiters angewandt haben.

(3) Die Vorstandsmitglieder sind namentlich zum Ersatz verpflichtet, wenn entgegen diesem Gesetz

1. Einlagen an die Aktionäre zurückgewährt,

2. den Aktionären Zinsen oder Gewinnanteile gezahlt,

3. eigene Aktien der Gesellschaft oder einer anderen Gesellschaft gezeichnet, erworben, als Pfand genommen oder eingezogen werden,

4. Aktien vor der vollen Leistung des Nennbetrags oder des höheren Ausgabebetrags ausgegeben werden,

---

[9] GK AktG/*Hopt/Roth*, § 93 Rn. 1; *Ihrig*, WM 2004, S. 2098 f.; MüKoAktG/*Spindler*, § 93 Rn. 7

5

5. *Gesellschaftsvermögen verteilt wird,*

6. *Zahlungen geleistet werden, nachdem die Zahlungsunfähigkeit der Gesellschaft eingetreten ist oder sich ihre Überschuldung ergeben hat; dies gilt nicht von Zahlungen, die auch nach diesem Zeitpunkt mit der Sorgfalt eines ordentlichen und gewissenhaften Geschäftsleiters vereinbar sind,*

7. *Kredit gewährt wird,*

8. *bei der bedingten Kapitalerhöhung außerhalb des festgesetzten Zwecks oder vor der vollen Leistung des Gegenwerts Bezugsaktien ausgegeben werden.*

(4) Der Gesellschaft gegenüber tritt die Ersatzpflicht nicht ein, wenn die Handlung auf einem gesetzmäßigen Beschluss der Hauptversammlung beruht. Dadurch, daß der Aufsichtsrat die Handlung gebilligt hat, wird die Ersatzpflicht nicht ausgeschlossen. Die Gesellschaft kann erst nach fünf Jahren seit der Entstehung des Anspruchs und nur dann auf Ersatzansprüche verzichten oder sich darüber vergleichen, wenn die Hauptversammlung zustimmt und nicht eine Minderheit, deren Anteile den fünften Teil des Grundkapitals erreichen, widerspricht. Die zeitliche Beschränkung gilt nicht, wenn der Ersatzpflichtige zahlungsunfähig ist und sich zur Abwendung oder Beseitigung des Konkursverfahrens mit seinen Gläubigern vergleicht.

(5) Der Ersatzanspruch der Gesellschaft kann auch von den Gläubigern der Gesellschaft geltend gemacht werden, soweit die von dieser keine Befriedigung erlangen können. Dies gilt jedoch in anderen Fällen als denen des Abs. 3 nur dann, wenn die Vorstandsmitglieder die Sorgfalt eines ordentlichen und gewissenhaften Geschäftsleiters gröblich verletzt haben; Abs. 2 Satz 2 gilt sinngemäß. Den Gläubigern gegenüber wird die Ersatzpflicht weder durch einen Verzicht oder Vergleich der Gesellschaft noch dadurch aufgehoben, daß die Handlung auf einem Beschluß der Hauptversammlung beruht oder der Aufsichtsrat die Handlung gebilligt hat. Ist über das Vermögen der Gesellschaft das Konkursverfahren eröffnet, so

übt während dessen Dauer der Konkursverwalter das Recht der Gläubiger gegen die Vorstandsmitglieder aus.

(6) Die Ansprüche aus diesen Vorschriften verjähren in fünf Jahren. "

Die Business Judgement Rule wurde erst im Zuge der Verabschiedung des Gesetzes zur Unternehmensintegrität und Modernisierung des Anfechtungsrecht („UMAG") im Jahre 2005 als neuer Abs. 1 Satz 2 des § 93 AktG in die Organhaftungsregelung aufgenommen.[10] Mit der Einführung des UMAG verfolgte der Gesetzgeber den Zweck, dass die häufigen und offensichtlichen Ansprüche der Gesellschaft konsequenter als bis dato geltend gemacht werden sollten. Um der daraus resultierenden erhöhten Anzahl an Klagen entgegenzuwirken und gleichzeitig die Entscheidungsfreiheit der Organträger zu garantieren, wurde die Business Judgement Rule vorgeschlagen.[11]

Der Gedanke, die unternehmerische Entscheidungsfreiheit der Organträger vor nicht einschätzbaren Gefahren durch Aktionärsklagen bzw. Klagen der Gesellschaft zu schützen, war zum Zeitpunkt des UMAG allerdings nicht mehr neu. Schon die erste Bankpleite nach dem Zweiten Weltkrieg im sogenannten *Herstatt*-Skandal drehte sich um die Frage der Organhaftung. Der Aufsichts- und Verwaltungsrat der damaligen Herstatt KGaA zögerten den längst fälligen Insolvenzantrag hinaus, weil sie der Meinung waren, die Gesellschaft noch kurzfristig retten zu können, was sich jedoch später als falsch erwies.[12] In der Entscheidung des BGH heißt es schon, dass *„das geschäftsführende Gesellschaftsorgan bei einer erkannten Überschuldung nach pflichtmäßigem Ermessen die Aussichten und Vorteile eines Sanierungsversuchs gegen die Nachteile abwägen [muß], die nicht eingeweihten Kunden bei einem Scheitern des Versuchs durch zwischenzeitliche Vermögensbewegungen entstehen können. Entscheidet es sich nach sorgfältiger und gewissenhafter Prüfung für einen solchen Versuch und darf es ihn den Umständen nach als sinnvoll ansehen, so verstößt es nicht schon deshalb gegen die guten Sitten oder das Betrugsverbot, weil eine für das Gelingen des Versuchs unerläßliche Fortführung des Betriebs unter Geheimhaltung seiner bedrängten Lage die Möglichkeit einschließt, daß hierdurch Getäuschte bei einem*

---

[10] *Falkenhausen*, NZG 2012, S. 644; GK AktG/*Hopt/Roth*, § 93 Rn. 18; *Spindler*, NZG 2005, S. 871 f.

[11] Begr. RegE UMAG, BT-Drucks. 15/5092, S. 1.

[12] *Bachmann*, ZHR (177) 2013, S. 1; *Binder*, WM 2005, S. 1783.

Zusammenbruch des Unternehmens einen Schaden erleiden, der ihnen bei sofortiger Einleitung eines Insolvenzverfahrens erspart geblieben wäre."[13]

Dieses Urteil legt bereits den Fokus auf ein handlungsorientiertes Haftungssystem. Gleichzeitig wird erstmalig eines der wesentlichen Ziele der späteren Business Judgement Rule erkennbar: der Schutz des Entscheidungsträgers vor gerichtlicher Bestrafung auf Grundlage späterer besserer Erkenntnis (sog. „hindsight bias"). Das Urteil zum Herstatt-Skandal gilt daher als Avantgarde für die ARAG/Garmenbeck-Entscheidung zum einen und die durch das UMAG kodifizierte Business Judgement Rule zum anderen.[14]

Um die Jahrtausendwende wurde dann in der ARAG/Garmenbeck-Entscheidung die Grundzüge der bis dahin vorhanden Organhaftung und der US-amerikanischen Business Judgement Rule aufgenommen.[15]

Der Kerngedanke der amerikanischen Business Judgement Rule hat ihren Ursprung in einer Entscheidung aus dem Jahre 1829, wonach ein Unternehmer nicht für seine unternehmerischen Entscheidungen haftet, wenn er billig und gerecht gehandelt hat.[16] 1988 legte dann der Supreme Court of Delaware in einem Urteil unter Heranziehung des Urteils von 1829 einen Tatbestandskatalog für die US-amerikanische Business Judgement Rule fest: „*[...] the business judgement rule is but a presumption that directors making a business decision, not involving self-interest, act on an informed basis, in good faith and in the honest belief that their actions are in the corporation's best interest. Thus, good faith and the absence of self-dealing are threshold requirements for invoking the rule.*"[17]

In der ARAG/Garmenbeck-Entscheidung stellte der BGH im Wesentlichen die gleichen Prüfungspunkte wie der Supreme Court of Delaware fest, wonach „*dem Vorstand für die Leitung der Geschäfte der AG ein weiter Handlungsspielraum zugebilligt werden muß, ohne den unternehmerisches Handeln schlechterdings*

---

[13] *BGH*, NJW 1979, S. 1823.
[14] *Bachmann*, ZHR (177) 2013, S. 1 f.
[15] *Bachmann*, ZHR (177) 2013, S. 1; GK AktG/*Hopt/Roth*, § 93 Rn. 1; Hauschka/Moosmayer/Lösler/*Sieg/Zeidler*, § 3 Rn. 3; *Nietsch*, ZGR 2015, S. 632; *Scholz*, AG 2018, S. 175.
[16] GK AktG/*Hopt/Roth*, § 93 Rn. 21; Hauschka/Moosmayer/Lösler/*Sieg/Zeidler*, § 3 Rn. 2; dazu Percy vs. Millaudon, 6 Mart (NS) 616 (1828).
[17] Grobow vs. Perot, 539 A.2d 180 (1988).

nicht denkbar ist."[18] Eine Schadensersatzpflicht des Vorstands *„[…] kann erst in Betracht kommen, wenn die Grenzen, in denen sich ein von Verantwortungsbewußtsein getragenes, ausschließlich am Unternehmenswohl orientiertes, auf sorgfältiger Ermittlung der Entscheidungsgrundlagen beruhendes unternehmerisches Handeln bewegen muß, deutlich überschritten sind, die Bereitschaft, unternehmerische Risiken einzugehen, in unverantwortlicher Weise überspannt worden ist oder das Verhalten des Vorstands aus anderen Gründen als pflichtwidrig gelten muß.*"[19]

Mit dieser Entscheidung hat der BGH zwei elementare Bestandteile für das heutige deutsche Organhaftungsrechts festgestellt. Zum einen, dass einem Organträger ein Handlungsspielraum eingestanden werden muss und zum anderen den tatbestandlichen Regelungsgehalt der Business Judgement Rule, wonach eine verantwortungsbewusste, unternehmerische Handlung auf Grundlage sorgfältiger Abwägungen benötigt wird.

Ob man die Business Judgement Rule schlussendlich als amerikanisches Importprodukt oder als überwiegend aus der deutschen Rechtsprechung entwickelte Regelung ansieht ist nebensächlich. Die wesentlichen Quintessenzen sind die gleichen. Zum einen ist es schwer, *ex-post* eine Entscheidung hinsichtlich des Sinns und der Wirtschaftlichkeit zu prüfen, wenn die Entscheidung selbst aus einer *ex-ante* Perspektive getroffen wurde. Und zum anderen ist es für das erfolgreiche Wirtschaften in einem Unternehmen von wesentlicher Bedeutung, dass die Organträger zweckmäßige Risiken eingehen. Ein Risiko ist dabei stets die Möglichkeit, dass die Handlung nicht zum Erfolg, sondern zu finanziellen Verlusten führt.[20]

2. Ausgangslage und Zweck der „deutschen" Business Judgement Rule

Nach der ARAG/Garmenbeck-Entscheidung entwickelte *Ulmer* einen Gesetzesvorschlag, um diese Entscheidung gesetzlich zu kodifizieren.[21] Diesem Gesetzesvorschlag schloss sich im Jahre 2001 inhaltlich auch der 63. Deutsche

---

[18] *BGH*, NJW 1997, S. 1926.
[19] *BGH*, NJW 1997, S. 1928.
[20] *Kocher*, CCZ 2009, S. 215 f. Zum Risikobegriff im Einzelnen: *Baums*, ZGR 2011, S. 222 ff.; *Hoffmann*, KSI 2017, S. 258 f.
[21] Zum Vorschlag von Ulmer siehe *Ulmer*, ZHR (163) 1999, S. 297 ff.

Juristentag und die Regierungskommission Corporate Governance an.[22] Danach sollte „*[eine] Pflichtverletzung [...] nicht vor[liegen], wenn der Schaden durch unternehmerisches Handeln im Interesse der Gesellschaft auf der Grundlage angemessener Informationen verursacht wurde, auch wenn dieses Handeln sich aufgrund späterer Entwicklungen oder Erkenntnisse als für die Gesellschaft nachteilig erweist.*"[23] Das UMAG, und daraus resultierend die heutige Business Judgement Rule, nahm zwar den Kerngedanken dieses Entwurfs auf, jedoch ohne dabei den eigentlichen Entwurf von Ulmer zu übernehmen, um die Empfehlungen der Regierungskommission Corporate Governance und das 10-Punkte-Programm der Bundesregierung umzusetzen.[24]

Hintergrund der Empfehlungen sowohl der Regierungskommission Corporate Governance als auch der Bundesregierung selbst waren neben dem Ziel der transparenteren und nachvollziehbareren Gestaltung der deutschen Corporate Governance vor allem die sowohl international als auch national nicht aussetzenden Unternehmensskandale sowie das Platzen der „Dotcom"-Blase.[25] Ein auffälliges Merkmal dieser Skandale waren zum einen die schwache interne Überwachung durch den Aufsichtsrat und zum anderen die geringe Anzahl an aktienrechtlichen Haftungsverfahren gegen Organträger. Das lag erstens am mangelnden Interesse des Aufsichtsrates, Vorstandshandlungen zu verfolgen, und zweitens an den hohen gesetzlichen Anforderungen für Aktionäre zur Geltendmachung von Ansprüchen.[26] Am Interesse des Aufsichtsrates, die Handlungen des Vorstandes zu überprüfen, mangelte es, weil die Feststellung eines Fehlverhaltens des Vorstandes gleichzeitig als Eingeständnis eigenen Fehlverhaltens gewertet werden könnte. Daneben konnten Minderheitsaktionäre im Namen der Gesellschaft nur schwer den Vorstand in Regress nehmen, weil die Quoren ((i)10 % des Grundkapitals oder ein anteiliger Betrag von einer Million Euro zur Bestellung eines besonderen Vertreters, der die Geltendmachung der Ansprüche beantragt, oder (ii) ein einfacher

---

[22] *Bachmann*, ZHR (177) 2013, S. 1; *Deutscher Juristentag*, Verhandlungen des dreiundsechzigsten Deutschen Juristentages, S. O 79.
[23] *Ulmer*, ZHR (163) 1999, S. 299.
[24] *Bachmann*, ZHR (177) 2013, S. 2; *Bunnemann/Holzborn*, BKR 2005, S. 51; *Fleischer*, ZIP 2004, S. 685; *Seibert*, WM 2005, S. 157.
[25] Beispielhaft hierfür sind der Mannesmann/Vodafone-Skandal wegen Untreue, oder der Schmiergeldskandal von HeidelbergCement. Siehe hierzu: *Falkenhausen*, NZG 2012, S. 645; *Theisen*, AG 1995, S. 194.
[26] Begr. RegE UMAG, BT-Drucks. 15/5092, S. 1. Zur genaueren Ausführung der Problematik: *Fleischer*, ZIP 2004, S. 685; *Spindler*, NZG 2005, S. 865.

Mehrheitsbeschluss der Hauptversammlung) für die Zulässigkeit der Klage bis zu diesem Zeitpunkt noch deutlich höher waren.[27]

Der Fokus des UMAG lag deswegen auf einer transparenteren Gestaltung des Aktienrechts durch Anpassung des Organhaftungssystems. Dieses sah vor, neben der Erleichterung der Aktionärsklage durch eine vereinfachte, gerichtliche Bestellung von Sonderprüfern und ein vereinfachtes Klagezulassungsverfahren[28], die Business Judgement Rule zu kodifizieren, die bis dahin lediglich durch die Rechtsprechung des ARAG/Garmenbeck-Urteils angewendet worden war. Dem verabschiedeten Gesetzesentwurf des UMAG ging allerdings ein Referentenentwurf voraus, welcher innerhalb der Regelung zur Business Judgement Rule in einem wesentlichen Punkt einen Unterschied aufwies. Das Tatbestandsmerkmal des Referentenentwurfs „ohne grobe Fahrlässigkeit" wurde durch das Wort „vernünftigerweise" ersetzt. Der Grund für die Änderung war die Kritik aus der Literatur, die darin eine zu geringe Unterscheidung des Pflichten- und Sorgfaltsmaßstab sah.[29] Eine faktische Änderung des Tatbestandes wurde dadurch nicht erreicht. Das Tatbestandmerkmal „vernünftigerweise" sollte, genauso wie „grobe Fahrlässigkeit", eine objektive Limitation der Einschätzungen des Vorstandes in der jeweiligen Entscheidungssituation darstellen.[30]

Der Gesetzgeber erhoffte sich von der Kodifizierung, dass die unternehmerische Entscheidungsfreiheit nicht durch unabwägbare Haftungsrisiken beschränkt wird, sondern ein System aus Transparenz und Rechtssicherheit dafür sorgt, dass die Organträger nicht mittelbar zu risikoaversen Handlungen gezwungen werden, die volkswirtschaftlich betrachtet nicht sinnvoll sind.[31] Neben der weiteren Funktion der Haftungsbeschränkung als Korrelat zur Erleichterung der Aktionärsklage war die Kodifizierung der Business Judgement Rule eine endgültige Absage an die

---

[27] Begr. RegE UMAG, BT-Drucks. 15/5092, S. 20 f. Weiterhin: *Spindler*, NZG 2005, S. 866 f.
[28] Begr. RegE UMAG, BT-Drucks. 15/5092, S. 1; *Bunnemann/Holzborn*, BKR 2005, S. 51 ff. *Schütz*, NZG 2005, S. 6; *Schäfer*, ZIP 2005, S. 1254 ff.
[29] *Bunnemann/Holzborn*, BKR 2005, S. 51 f.; *Fleischer*, ZIP 2004, S. 688 f.; *Ihrig*, WM 2004, S. 2100 f.; *Schäfer*, ZIP 2005, S. 1258.
[30] Begr. RegE UMAG, BT-Drucks. 15/5092, S. 22. In der Literatur ausgeführt in: *Bunnemann/Holzborn*, BKR 2005, S. 51 f.; *Schütz*, NZG 2005, S. 5 f.
[31] *Bunnemann/Holzborn*, BKR 2005, S. 51; *Falkenhausen*, NZG 2012, S. 645.

Erfolgshaftung der Organträger.[32] Auch wenn es seitens der Literatur durchaus Bestrebungen gab, die Organhaftungsregelung des § 93 AktG zu reformieren[33], hält der Gesetzgeber nach wie vor an der ursprünglichen Form fest.

Um genauer zu verstehen, wie diese Form der Organhaftung des § 93 AktG funktioniert und um herauszufinden, ob es Anhaltspunkte für eine unmittelbare oder mittelbare Anwendung im Bereich der Entscheidungen unter Rechtsunsicherheit gibt, werden nachfolgend die Tatbestandsmerkmale des § 93 Abs. 2 AktG genauer betrachtet.

3. § 93 Abs. 2 S. 1 AktG: die Anwendbarkeit der Organhaftung und deren Konsequenzen

§ 93 AktG bildet die zentrale Vorschrift für die Organhaftung bei Verhaltenspflichtverletzungen in der AG. § 43 GmbHG regelt die Geschäftsführerhaftung in der GmbH. Da die aktienrechtliche Norm deutlich jünger und inhaltlich umfangreicher ist, wird sie für die Auslegung des § 43 GmbHG analog herangezogen. Inhaltlich ist die Business Judgement Rule daher auch auf die Geschäftsführer der GmbH anwendbar.[34]

Die allgemeinen Voraussetzungen der Tatbestandsverwirklichung sind im Wesentlichen denen der zentralen deliktischen Haftungsgrundlage des § 823 BGB ähnlich und setzen das Handeln eines Vorstandsmitgliedes bzw. über § 116 AktG auch eines Aufsichtsratsmitgliedes der AG, eine daraus resultierende schuldhafte Pflichtverletzung sowie einen kausalen Schaden voraus.

Der Fokus der vorliegenden Arbeit liegt jedoch im Spannungsfeld zwischen der Pflichtverletzung einerseits und der unklaren Rechtslage andererseits. Daher wird im folgenden Abschnitt lediglich das Tatbestandsmerkmal der Pflichtverletzung detailliert behandelt.

---

[32] BeckOK GmbHG/*Ziemons/Pöschke*, § 43 Rn. 104; *Falkenhausen*, NZG 2012, S. 646 f.; *Fritz*, NZA 2017, S. 676; Henssler/Strohn/*Dauner-Lieb*, § 93 AktG Rn. 29; *Paefgen*, AG 2004, S. 247 f.; *Schütz*, NZG 2005, S. 5.
[33] vgl. nur *Bachmann*, ZHR (177) 2013, S. 1; *Faßbender*, NZG 2015, S. 502 f.; *Kocher*, CCZ 2009, S. 221.
[34] Baumbach/Hueck/*Beurskens*, § 43 Rn. 8; Henssler/Strohn/*Oetker*, § 43 GmbHG Rn. 22; MHLS/*Ziemons*, § 43 Rn. 134; MüKoGmbHG/*Fleischer*, § 43 Rn. 5; Roth/Altmeppen/*Altmeppen*, § 43 Rn. 3; Rowedder/Schmidt-Leithoff/*Schnorbus*, § 43 Rn. 16.

a) Pflichtverletzungen und die allgemeinen Verhaltenspflichten als Tatbestandsmerkmal des § 93 Abs. 2 S. 1 AktG

Gemäß § 93 Abs. 2 S. 1 AktG sind Vorstandsmitglieder zum Ersatz des Schadens verpflichtet, wenn sie ihre Pflichten verletzt haben. Die genauen einzelnen Pflichten des Organträgers werden allerdings weder vom AktG noch vom GmbHG abschließend geregelt, sondern ergeben sich durch Auslegung der wesentlichen allgemeinen Pflichten.[35] Diese Pflichten sind, neben der Legalitätspflicht als äußerster und übergeordneter Rahmen aller anderen Pflichten, die meist individuellen vertraglichen Pflichten, der gesetzliche Pflichtenkatalog, die organschaftliche Treuepflicht, die sich daraus ergebende Verschwiegenheitspflicht und die allgemeine Sorgfaltspflicht.[36] Wegen ihrer „Rahmenfunktion" und dem daraus resultierenden Bezug zu allen anderen Pflichten wird an dieser Stelle mit der Ausführung der Legalitätspflicht begonnen.

aa) Verstoß gegen die Legalitätspflicht

Die übergeordnete Pflicht des Organträgers ist es, sich bei der Amtsführung stets gesetzestreu zu verhalten. Dies führt konsequenterweise dazu, dass jede Pflicht der Organträger stets dann verletzt wird bzw. sich am Rande einer Pflichtverletzung befindet, wenn die Legalitätspflicht in Frage gestellt oder eben gebrochen wird. Eine Abgrenzung der Legalitätspflicht von den weiteren Pflichten ist aber aufgrund der fließenden Übergänge nur schwer möglich. Das aktiv gesetzestreue Verhalten (Legalitätspflicht) teilt sich danach wiederum in die interne und die externe Pflichtenbindung auf.[37]

---

[35] Fleischer/*Fleischer*, § 11 Rn. 35; Henssler/Strohn/*Dauner-Lieb*, § 93 AktG Rn. 29; MüKoAktG/*Spindler*, § 93 Rn. 21; Spindler/Stilz/*Fleischer*, § 93 Rn. 1.
[36] Henssler/Strohn/*Dauner-Lieb*, § 93 AktG Rn. 29; Hölters/*Hölters*, § 93 Rn. 2 ff.; Hüffer/Koch/*Koch*, § 93 Rn. 4; MüKoAktG/*Spindler*, § 93 Rn. 21.
[37] Henssler/Strohn/*Oetker*, § 43 GmbHG Rn. 23; *Hoffmann/Schieffer*, NZG 2017, S. 402; MüKoAktG/*Spindler*, § 93 Rn. 87; MüKoGmbHG/*Fleischer*, § 43 Rn. 21; Rowedder/Schmidt-Leithoff/*Schnorbus*, § 43 Rn. 36; Spindler/Stilz/*Fleischer*, § 93 Rn. 12.

(1) Die interne Pflichtenbindung

Die interne Pflichtenbindung der Organträger spiegelt im Wesentlichen die zwischen Organträger und Gesellschaft durch Gesetz oder Abrede bestehenden Verhaltensgebote wider. Die gesetzlichen Verhaltensgebote sind vor allem die durch das AktG respektive das GmbHG geregelten Einzelpflichten der Organträger, wie beispielsweise die Pflicht zur Vorbereitung und Ausführung von Hauptversammlungsbeschlüssen nach § 83 AktG. Diese Auflistung entspricht schlussendlich ganz überwiegend dem gesetzlichen Pflichtenkatalog.[38]

Da die Legalitätspflicht als Rahmen sowohl der Treuepflicht als auch der Sorgfaltspflicht dient, ist ein substanzieller Teil der internen Pflichten auch die Einhaltung der gesetzlich kodifizierten Kompetenzordnung innerhalb der Gesellschaft. So stellt eine Kompetenzüberschreitung neben einer Sorgfaltspflichtverletzung auch stets einen Bruch der Legalitätspflicht dar.[39]

Ebenfalls von Bedeutung ist die Bekennung des Organträgers zum Unternehmensgegenstand sowie die Einhaltung weiterer Abreden im Anstellungsvertrag, der Satzung und der Geschäftsordnung des jeweiligen Organträgers. Meistens sind solche Regelungen ebenfalls Regelungen der Kompetenzordnung. Dabei stellt der Unternehmensgegenstand den äußeren Rahmen all dieser Pflichten dar. Dem Organträger ist es daher grundsätzlich verboten, eine Handlung durchzuführen, die sich außerhalb des Unternehmensgegenstandes befindet.[40]

Abschließend ist noch hinzuzufügen, dass laut ganz h.M. eine Pflichtverletzung im Außenverhältnis zugleich auch immer eine Pflichtverletzung im Innenverhältnis darstellt.[41] Es ergibt sich die Frage, was unter einer Pflicht im Außenverhältnis bzw. den externen Pflichtenbindungen zu verstehen ist.

---

[38] Henssler/Strohn/*Oetker*, § 43 GmbHG Rn. 25; Hölters/*Hölters*, § 93 Rn. 55; MüKoGmbHG/*Fleischer*, § 43 Rn. 22 ff.; Spindler/Stilz/*Fleischer*, § 93 Rn. 15 ff.
[39] *BGH*, NZG 2015, S. 793. Der gleichen Ansicht: *Fleischer*, DStR 2009, S. 1204; MüKoGmbHG/*Fleischer*, § 43 Rn. 27; Spindler/Stilz/*Fleischer*, § 93 Rn. 20.
[40] Hölters/*Hölters*, § 93 Rn. 57; 59; MüKoGmbHG/*Fleischer*, § 43 Rn. 28 f.; Rowedder/Schmidt-Leithoff/*Schnorbus*, § 43 Rn. 36; Spindler/Stilz/*Fleischer*, § 93 Rn. 21 f.;
[41] Hüffer/Koch/*Koch*, § 93 Rn. 6; MüKoGmbHG/*Fleischer*, § 43 Rn. 31; Spindler/Stilz/*Fleischer*, § 93 Rn. 24.

(2) Die externe Pflichtenbindung

Die allgemeine Einhaltung aller anwendbaren Rechtsvorschriften, die das Unternehmen als Rechtssubjekt treffen, gilt für den jeweiligen Organträger auch im Außenverhältnis. Hierunter fallen eine Vielzahl von Vorschriften des Zivil- und Wirtschaftsrechts, des öffentlichen Rechts sowie des Straf- und Ordnungswidrigkeitenrechts.[42] Vom Tatbestand der Legalitätspflichtverletzung her wird dabei grundsätzlich das Verwirklichen einer Ordnungswidrigkeit genauso behandelt wie das Verwirklichen eines Straftatbestandes.[43] Weiterhin trifft die Organträger auch die Pflicht, für die Einhaltung ausländischer, auf die Gesellschaft anwendbarer Rechtsnormen zu sorgen. Denn ein Verstoß gegen ein Gesetz in einer anderen Rechtsordnung gilt auch in der deutschen Rechtsordnung als Bruch der Legalitätspflicht.[44]

Eine weitere aus § 76 Abs. 1 und § 93 Abs. 1 AktG entwickelte externe Pflicht ist die Pflicht zur Leitung des Reputationsmanagements. Als überaus betriebswirtschaftlich sinn- und wertvoll angesehen trifft die Organträger daher die Pflicht, den Aufbau und die Pflege eines nach dem Grundsatz des ehrbaren Kaufmanns entstehenden Reputationsmanagement voranzutreiben, um so strategische, wirtschaftliche Vorteile auf dem Markt zu erhalten. Daher muss der Organträger vor der Entscheidung stets die Auswirkungen auf die Reputation des Unternehmens abschätzen. Ein reputationsschädigendes Verhalten wird daher als Verstoß gegen seine Leitungspflichten nach § 76 Abs. 1 AktG angesehen.[45]

(3) Legalitätskontrollpflicht und Compliance

An dieser Stelle ist hervorzuheben, dass nicht nur die Organträger, sondern auch alle Angestellte des Unternehmens an die Legalitätspflicht gebunden sind. Die Legalitätspflicht des Organträgers beruht daher nicht nur auf der Bindung des eigenen Verhaltens an das Gesetz, sondern auch auf der Kontrolle und Schaffung

---

[42] *Ebbinghaus/Hasselbach*, AG 2014, S. 879; MüKoGmbHG/*Fleischer*, § 43 Rn. 30; Rowedder/Schmidt-Leithoff/*Schnorbus*, § 43 Rn. 36; Spindler/Stilz/*Fleischer*, § 93 Rn. 23.
[43] *Ebbinghaus/Hasselbach*, AG 2014, S. 880; *Ott/Reichert*, ZIP 2009, S. 2173; *Paefgen*, AG 2014, S. 558.
[44] *Fleischer*, NZG 2014, S. 522; MüKoGmbHG/*Fleischer*, § 43 Rn. 33; Spindler/Stilz/*Fleischer*, § 93 Rn. 26.
[45] *Fleischer*, DB 2017, S. 2019 f.; *Klöhn/Schmolke*, NZG 2015, S. 693 ff.; MüKoGmbHG/*Fleischer*, § 43 Rn. 32a f.; Rowedder/Schmidt-Leithoff/*Schnorbus*, § 43 Rn. 40; Spindler/Stilz/*Fleischer*, § 93 Rn. 25a f.

aktiver Vorkehrungen gegen Gesetzesverstöße von Unternehmensangehörigen (Legalitätskontrollpflicht).[46] Die Legalitätskontrollpflicht wird in der Literatur überwiegend aus dem § 91 Abs. 2 AktG und der allgemeinen Legalitäts- bzw. Sorgfaltspflicht nach § 93 Abs. 1 S. 1 AktG abgeleitet. Der Begriff „Legalitätspflicht" meint klassischerweise das Gleiche wie „Compliance" oder „Compliance-Pflicht".[47] Lediglich als Teil der Legalitätskontrollpflicht ergibt sich aus § 91 Abs. 2 AktG, dass der Vorstand ein Compliance-System einzurichten hat, welches den Fortbestand der Gesellschaft sichern soll. Gemeint ist aber, dass der Vorstand grundsätzlich alle Verstöße, auch die, die keine Existenzbedrohung darstellen, durch ein geeignetes System verfolgen soll. Dabei gibt es keine genauen Vorgaben, wie das Compliance-System zur Überwachung der Legalitätskontrollpflicht auszusehen hat. Die Ausgestaltung unterliegt daher dem unternehmerischen Ermessen im Sinne des § 93 Abs. 1 S. 2 AktG. Hinsichtlich der Frage, wann ein Vorstand seine Legalitätskontrollpflicht verletzt hat, ist objektiv auf das individuell vom Vorstand integrierte Compliance-System zu verweisen. Ein grundsätzlicher Compliance-Verstoß im Unternehmen ist daher nicht unmittelbar eine Verletzung der Legalitätskontrollpicht, sondern nur dann, wenn das vom Vorstand eingerichtete Compliance-System ungeeignet oder nicht ausreichend ist, um Rechtsverstöße in jenem Unternehmen zu verhindern.[48]

Aus der Legalitäts- und Legalitätskontrollpflicht ergibt sich zusammenfassend die Pflicht, stets im Sinne des Gesetzes zu handeln. Der Grundsatz *„iura novit curia"* muss im Rechtsverkehr als Maßstab dienen, weshalb die Gerichte stets den individuellen Sachverhalt betrachten müssen[49].

(4) Rechtswidriges Verhalten zum Vorteil der Gesellschaft

Allerdings könnte man sich die Frage stellen, wie ein vorsätzlicher Verstoß gegen die Legalitätspflicht gehandhabt wird, wenn damit ein Vorteil für die Gesellschaft

---

[46] *Fleischer*, CCZ 2008, S. 1 f.; *Hoffmann/Schieffer*, NZG 2017, S. 402; Hüffer/Koch/*Koch*, § 93 Rn. 6; KBLW/*Bachmann/Kremer*, 4. Teil Rn. 819 f.; MüKoAktG/*Spindler*, § 93 Rn. 115; Münch. Hdb. GesR/*Wiesner* § 25 Rn. 34 ff.; *Spießhofer*, NZG 2018, S. 442.
[47] Baumbach/Hueck/*Beurskens*, § 43 Rn. 11; *Hoffmann/Schieffer*, NZG 2017, S. 402; Hüffer/Koch/*Koch*, § 76 Rn. 13 f.; KBLW/*Bachmann/Kremer*, 4. Teil Rn. 820.
[48] *Hoffmann/Schieffer*, NZG 2017, S. 402 f.; *LG München I*, NZG 2014, S. 345 ff.; Park/*Bottmann*, Kap. 2.1 Rn. 40; *Sonnenberg*, JuS 2017, S. 917.
[49] Hk-ZPO/*Saenger*, § 293 Rn. 1; MüKoZPO/*Prütting*, § 293 Rn. 4.

bezweckt bzw. realisiert wird (sog. „nützliche Pflichtverletzung" bzw. „*efficient breach*"). Möglich wäre, dass dem Organträger dann im Innenverhältnis keine Inanspruchnahme droht, weil kein Schaden, sondern ein finanzieller Vorteil entstanden wäre. Beispiele für solch eine nützliche Pflichtverletzung sind Schmiergeldzahlungen oder Verstöße gegen steuerliche, umweltrechtliche oder baurechtliche Rechtsvorschriften.

Dennoch ist sich sowohl die h.M. als auch die Rechtsprechung darüber einig, dass die Legalitätspflicht konsequent anzuwenden ist und somit auch nützliche Pflichtverletzungen als Verstoß zu werten sind.[50] Eine Ausnahme hiervon stellt die Pflichtverletzung aus einem Vertrag zwischen Organträger und Gesellschaft dar, wenn die Nichterfüllung der vertraglichen Pflicht mit den Grundsätzen der ordnungsgemäßen Unternehmensführung vereinbar ist.[51]

Problematischer ist die Frage der Schadensbemessung, welche von der Gesellschaft dargestellt werden muss. Hiervon auszunehmen ist natürlich eine Verletzung der Sondertatbestände des § 93 Abs. 3 AktG, bei welcher der Schaden vermutet wird.[52] In den anderen Fällen muss die Schadenssumme mittels der Differenzhypothese, indem eine Gesamtvermögensbetrachtung angestellt wird, bestimmt werden. Das bedeutet, dass Vermögensvorteile, welche durch das organschaftliche Fehlverhalten der Gesellschaft zugeflossen sind, beachtet und angerechnet werden müssen. Dies gilt nicht, wenn durch die Anrechnung der Zweck eines Schadensersatzes entfallen würde oder die Gesellschaft (als Geschädigte) unzumutbar belastet und der Organträger (als Schädiger) unzumutbar begünstigt werden würde (Grundsatz der Vorteilausgleichung).[53] Bei einer dauerhaften Überschreitung (bspw. Kauf eines branchenfremden Unternehmens) der Organträgerbefugnisse wird von der derzeitigen Literatur angenommen, dass die Rechtslage aus dem Personengesellschaftsrecht herangezogen werden muss: eine Anwendung des Grundsatzes der Vorteilausgleichung würde somit wegfallen. Ein Schaden wäre nur dann zu bestätigen, wenn die Gegenleistung sinnvoll genutzt

---

[50] vgl. nur GK AktG/*Hopt/Roth*, § 93 Rn. 134; Hölters/*Hölters*, § 93 Rn. 75; MHLS/*Ziemons*, § 43 Rn. 75; MüKoAktG/*Spindler*, § 93 Rn. 107; Spindler/Stilz/*Fleischer*, § 93 Rn. 36.
[51] GK AktG/*Hopt/Roth*, § 93 Rn. 148; *Lutter*, ZIP 2007, S. 843; MHLS/*Ziemons*, § 43 Rn. 76; MüKoGmbHG/*Fleischer*, § 43 Rn. 40.
[52] vgl. S. 19. Weiterhin: GK AktG/*Hopt/Roth*, § 93 Rn. 326; Hüffer/Koch/*Koch*, § 93 Rn. 68; MüKoAktG/*Spindler*, § 93 Rn. 251 f.
[53] *BGH*, NJW 2013, S. 1958; *Bruns*, NJW 2019, S. 803; MüKoAktG/*Spindler*, § 93 Rn. 107; MüKoGmbHG/*Fleischer*, § 43 Rn. 264a; Spindler/Stilz/*Fleischer*, § 93 Rn. 38.

werden konnte.[54] Weiterhin ist zu beachten, dass Vermögensvorteile, welche aus einem Verstoß gegen das Strafgesetz oder das Ordnungswidrigkeitengesetz resultieren, über §§ 30 Abs. 1, 3 i.V.m. 17 Abs. 4 OWiG vollständig von den Vollzugsbehörden herausverlangt werden können.

Dem ungeachtet wird in der Praxis nach Anwendung der Differenzhypothese unter Beachtung der Vorteilsausgleichung der tatsächliche Schaden und damit auch die Innenhaftung selbst in der Regel zu verneinen sein.[55]

(5) Rechtmäßiges Verhalten zum Nachteil der Gesellschaft

Fest steht, dass rechtswidriges Verhalten mit wirtschaftlichen Vorteilen für die Gesellschaft grundsätzlich, bis auf eine Ausnahme[56], unzulässig ist. Im Umkehrschluss stellt sich dann die Frage, inwiefern ein rechtskonformes Verhalten eines Organträgers, welches einen wirtschaftlichen Nachteil für die Gesellschaft trägt, zu behandeln ist. Hierzu hat der BGH nochmal klargestellt, dass für die Gesellschaft wirtschaftlich nachteilige Geschäfte im Einzelfall vom unternehmerischen Ermessen der Organträger gedeckt sind, wenn diese vernünftigerweise auf der Grundlage angemessener Informationen und zum Wohle der Gesellschaft getätigt wurden. Eine Pflichtverletzung kann dann wegen der Business Judgement Rule abgelehnt werden.[57]

Auch die Literatur hat bereits erkannt, dass nicht nur aufgrund des Vorliegens eines Schadens zwangsläufig davon ausgegangen werden darf, dass auch eine Pflichtverletzung eines Organträgers vorliegt. Ein diese Aussage stützendes Beispiel ist ein zu Beginn wirtschaftlich nachteiliges Geschäft, welches erst in einer langfristigen Prognose als wirtschaftlich vorteilhaft gilt.[58]

Es ist festzuhalten, dass ein rechtswidriges Verhalten zum Vorteil der Gesellschaft grundsätzlich zu einer Pflichtverletzung führt, auch wenn ein Schaden in den

---

[54] vgl. Spindler/Stilz/*Fleischer*, § 93 Rn. 39. So entschieden hat auch das OLG München in einem Sachverhalt bei einer KGaA: *OLG München*, NZG 2000, S. 743.
[55] Baumbach/Hueck/*Beurskens*, § 43 Rn. 12; 52 f; Hölters/*Hölters*, § 93 Rn. 75; 257 f.
[56] Eine Ausnahme stellt die Pflichtverletzung aus einem Vertrag zwischen Organträger und Gesellschaft dar, wenn die Nichterfüllung der vertraglichen Pflicht mit den Grundsätzen der ordnungsgemäßen Unternehmensführung nicht vereinbar ist; vgl. hierzu: GK AktG/*Hopt/Roth*, § 93 Rn. 148; *Lutter*, ZIP 2007, S. 843; MHLS/*Ziemons*, § 43 Rn. 76; MüKoGmbHG/*Fleischer*, § 43 Rn. 40
[57] *BGH*, NZG 2018, S. 1194 f. So zuvor auch schon *BGH*, NZG 2013, S. 1023.
[58] Hüffer/Koch/*Koch*, § 93 Rn. 16; Spindler/Stilz/*Fleischer*, § 93 Rn. 88; *Wiersch*, NZG 2013, S. 1208.

meisten Fällen nicht gegeben ist. Ein rechtskonformes Verhalten zum Nachteil der Gesellschaft ist jedoch grundsätzlich möglich, solange die Organträger sich im „*safe harbour*" der Business Judgement Rule befinden.

bb) Verstoß gegen den gesetzlichen Pflichtenkatalog inklusive der Sondertatbestände

Der gesetzliche Pflichtenkatalog eines Organträgers ist nicht zentral normiert und generell nur schwierig abzugrenzen. So sind z.b. wesentliche Pflichten der Vorstandsmitglieder die Leitung der Gesellschaft nach § 76 Abs. 1 AktG oder die Vorbereitung und Ausführung von Hauptversammlungsbeschlüssen nach § 83 AktG, die eben auch ein Teil der internen Pflichtenbindung im Rahmen der Legalitätspflicht sind.[59]

Weiterhin und hier ergänzend zu erwähnen sind jedoch die in § 93 Abs. 3 AktG neun kodifizierten Einzelfälle, welche stets die finanzielle Grundlage der Gesellschaft so schwer vermindern bzw. beeinflussen, dass ein Verstoß in jedem Fall als eine Pflichtverletzung bzw. Verwirklichung einer Schadenersatz-anspruchsgrundlage zu werten ist. Bei Vorliegen solch einer Pflichtverletzung tritt daher, im Gegensatz zum § 93 Abs. 2 S. 1 AktG, eine Schadensvermutung ein.[60] Das Vorstandsmitglied trifft dann die Beweislast. Der Nachweis, dass die Gesellschaft bisher keinen Schaden erlitten hat, reicht dabei nicht aus. Vielmehr ist eine Exkulpation nur möglich, wenn nachgewiesen werden kann, dass der monetäre Schadensbetrag dem Gesellschaftsvermögen wieder vollständig zugeflossen ist. Für mögliche zukünftige Folgeschäden trägt die Gesellschaft jedoch die Beweislast.[61]

cc) Verstoß gegen die Treuepflicht und Verschwiegenheitspflicht

Die Treuepflicht der Vorstandsmitglieder ist, im Gegensatz zur Sorgfaltspflicht, nicht ausdrücklich im Gesetz kodifiziert, wird aber dennoch allgemein anerkannt

---

[59] Hüffer/Koch/*Koch*, § 76 Rn. 8 f.; § 83 Rn. 2; MüKoAktG/*Spindler*, § 93 Rn. 21; § 76 Rn. 4; § 83 Spindler/Stilz/*Fleischer*, § 93 Rn. 43.
[60] GK AktG/*Hopt/Roth*, § 93 Rn. 326; Hüffer/Koch/*Koch*, § 93 Rn. 68; MüKoAktG/*Spindler*, § 93 Rn. 251 f.
[61] GK AktG/*Hopt/Roth*, § 93 Rn. 328; Grigoleit/*Grigoleit/Tomasic*, § 93 Rn. 54; Habersack/Schürnbrand, WM 2005, S. 958; Hüffer/Koch/*Koch*, § 93 Rn. 68; MüKoAktG/*Spindler*, § 93 Rn. 252; 263.

und überwiegend aus § 242 BGB abgeleitet. Die fundamentale Funktion der organschaftlichen Treuepflicht ist es, Interessenskonflikte der Organträger bei der Wahrnehmung von Geschäftsaufgaben („Prinzipal-Agent-Theorie") zu bewältigen.[62] Der BGH begründet die Treuepflicht in der Verfügungsgewalt bzw. die vom Treugeber (Gesellschafter/Aktionäre) ermöglichte Einwirkungsmacht über das fremde Vermögen.[63] Aufgrund der treuhänderischen Struktur unterscheidet sich die Stellung des Organträgers weitgehend von denen eines normalen Vertragspartners, sodass die Pflichten aus dem Anstellungsvertrag den dem Organträger obliegenden Pflichten nicht vollständig nachkommen.[64] Daher geht die Treuepflicht über die Pflichten des Anstellungsvertrages hinaus und verlangt vom jeweiligen Organträger, dass die Geschäfte der Gesellschaft stets in deren Interesse und nicht im Eigeninteresse des Organträgers oder eines Dritten zu führen sind.[65] Wesentliche gesetzliche Ausprägungen der Treuepflicht sind zum einen das Wettbewerbsverbot nach § 88 Abs. 1 AktG und zum anderen die Verschwiegenheitspflicht gemäß § 93 Abs. 1 S. 3 AktG.[66]

Zwischen der allgemeinen Treuepflicht und dem Wettbewerbsverbot greift die sogenannte Geschäftschancenlehre als Bindeglied ein. Diese besagt, dass der Organträger verpflichtet ist, Geschäftschancen nicht zum Nachteil der Gesellschaft auf eigene Rechnung auszunutzen, sondern der Gesellschaft das Verwertungsrecht der Geschäftschance zu überlassen.[67] Die Geschäftschancenlehre ist regelungstechnisch teilweise deckungsgleich mit dem allgemeinen Wettbewerbsverbot. Allerdings handelt es sich um zwei selbstständige Rechtsinstrumente, denn zum einen muss ein Verstoß gegen das Wettbewerbsverbot nicht zwangsläufig in einen Verstoß gegen die Geschäftschancenlehre münden und zum anderen bedeutet die Ausnutzung einer

---

[62] *Berger/Wighardt*, NZG 2017, S. 1371; *Fleischer*, WM 2003, S. 1044 f.; *Henke*, EuR 2010, S. 119 ff.; MHLS/*Ziemons*, § 43 Rn. 206; *Steffek*, JuS 2010, S. 296 f.
[63] BGH, AG 2006, S. 111; BGH, WM 2002, S. 566; *Helmrich*, NZG 2011, S. 1252.
[64] GK AktG/*Hopt/Roth*, § 93 Rn. 224; MHLS/*Ziemons*, § 43 Rn. 205; MüKoGmbHG/*Fleischer*, § 43 Rn. 153; *Roth/Altmeppen/Altmeppen*, § 43 Rn. 26.
[65] *Eisenhardt/Wackerbarth*, § 4 Rn. 66; *Helmrich*, NZG 2011, S. 1256; MHLS/*Ziemons*, § 43 Rn. 207 f.
[66] *Eisenhardt/Wackerbarth*, § 4 Rn. 66; Henssler/Strohn/*Oetker*, § 43 GmbHG Rn. 20; Hölters/*Hölters*, § 93 Rn. 139; MüKoAktG/*Spindler*, § 93 Rn. 129; 153; Spindler/Stilz/*Fleischer*, § 93 Rn. 113.
[67] BeckOK HGB/*Klimke*, § 112 Rn. 31; *Fleischer*, NZG 2018, S. 361; Henssler/Strohn/*Oetker*, § 43 GmbHG Rn. 20 ff.; Oetker/*Lieder*, § 112 Rn. 21; Rowedder/Schmidt-Leithoff/*Pentz*, § 13 Rn. 91 f.; Spindler/Stilz/*Fleischer*, § 93 Rn. 136 ff.

Geschäftschance nicht unmittelbar einen Wettbewerbsverstoß, denn die Geschäftschancenlehre zielt vielmehr darauf ab, generell zu verhindern, dass eine Geschäftschance wahrgenommen wird. Auf die Eröffnung des Anwendungsbereichs des Wettbewerbsverbotes kommt es nicht an.[68]

Abschließend ergibt sich aus der Treuepflicht auch die Einhaltung der gesellschaftsvertraglichen bzw. satzungsmäßigen und gesetzlichen Kompetenzordnung. Gilt es, eine Maßnahme für die Gesellschaft zu treffen, so müssen vorher mögliche Zustimmungen von beispielsweise Hauptversammlung oder Aufsichtsrat wegen der allgemeinen Funktion der Treuepflicht und der damit verbundenen Einhaltung der Kompetenzordnung eingeholt werden.

dd) Verstoß gegen die Sorgfaltspflicht

Die Einhaltung der Kompetenzordnung stellt jedoch auch eine Sorgfaltspflicht dar. So heißt es in § 93 Abs. 1 S. 1 AktG, dass „[...] Vorstandmitglieder [...] bei ihrer Geschäftsführung die Sorgfalt eines ordentlichen und gewissenhaften Geschäftsleiters anzuwenden [haben]". Hierzu gehört es auch, mögliche Zustimmungserfordernisse anderer Organträger zu einer Maßnahme einzuholen. Daran ist erkennbar, dass sich die Sorgfaltspflicht in Ambivalenz zur organschaftlichen Treuepflicht befindet. Wesentlicher Unterschied der allgemeinen Sorgfaltspflicht gegenüber der Treuepflicht ist, dass der Vorstand bei der Sorgfaltspflicht innerhalb des satzungsmäßigen und gesetzlichen Rahmens handeln muss, während die Treuepflichten sich im weiten Rahmen der Auslegung von Treu und Glauben gemäß § 242 BGB befinden.[69] Daraus ergibt sich für die Sorgfaltspflicht ein insgesamt engerer Handlungsrahmen, der durch Auslegung auch klarer bestimmbar ist.

Trotz allem kann die Frage, was genau alles unter die Sorgfaltspflicht fällt, nur durch Auslegung der Sorgfaltspflicht im Einzelfall beantwortet werden. Wie die allgemeine Sorgfaltspflicht auszulegen ist, hängt immer von den individuellen und objektiv zu betrachtenden Umständen, insbesondere von der Unternehmensbranche, die Größe und die wirtschaftliche Situation ab. Auch auf einzelne

---

[68] *Eisenhardt/Wackerbarth*, § 4 Rn. 72; MAH PersGesR/*Plückelmann*, § 10 Rn. 39; Oetker/*Lieder*, § 112 Rn. 22; Spindler/Stilz/*Fleischer*, § 93 Rn. 136 f.
[69] GK AktG/*Hopt/Roth*, § 93 Rn. 52; MüKoAktG/*Spindler*, § 93 Rn. 25 f.; 125; Spindler/Stilz/*Fleischer*, § 93 Rn. 11 f.; 114 f.

Branchen ist somit die Sorgfaltspflicht nicht absolut bestimmbar. Andererseits ist ein Sorgfaltsmaßstab wohl erkennbar, wenn in der Branche allgemein anerkannte Erfahrungen und Vorgehensweisen existieren. Außerdem gibt es gesetzlich normierte Handlungspflichten, welche in das Kompetenzraster der Sorgfaltspflicht fallen. Hier sind beispielhaft die § 264 Abs. 1 HGB (Pflicht zur Aufstellung des Jahresabschlusses) und § 15a InsO (Antragstellung des Insolvenzverfahrens) zu nennen.[70]

Generell lässt sich aber festhalten, dass der gesetzliche Pflichtenkatalog als Teil der Legalitätspflicht stets unter die Einhaltung der Sorgfaltspflicht fällt.[71] Aus der Sorgfaltspflicht lassen sich ebenfalls allgemeine Kriterien und Anforderungen an die Person des Organträgers ableiten. So muss der jeweilige Organträger mit den erforderlichen Fähigkeiten und Kenntnissen sein Amt ausführen. Welche Fähigkeiten und Kenntnisse das sind, hängt vom Einzelfall ab. Relevante Faktoren sind insbesondere Art und Größe des Unternehmens sowie die wirtschaftliche und finanzielle Lage. Als Maßstab kann ein Vergleich mit einem Unternehmen vergleichbarer Art und Größe dienen.[72]

Nach *Fleischer* lässt sich die pflichtgemäße Einhaltung der Sorgfaltspflicht in vier wesentliche Anwendungsfelder aufteilen: Planungs- und Steuerungsverantwortung, Organisationsverantwortung, Finanzverantwortung und Informationsverantwortung.[73]

Was konkret unter Planungsverantwortung zu verstehen ist, lasse sich ebenfalls aufgrund der Unterschiede der Branchen und Unternehmen nicht allgemein sagen. Die Grundsätze ordnungsgemäßer Unternehmensplanung könnten hier jedoch als Hilfestellung fungieren. Daneben müsse die Unternehmensleitung eine Unternehmenskontrolle ausüben. Darunter falle vor allem die Wirtschaftlichkeits-, Zweckmäßigkeits- und Legalitätskontrolle der im Unternehmen herrschenden

---

[70] *Eisenhardt/Wackerbarth*, § 4 Rn. 76 f.; GK AktG/*Hopt/Roth*, § 93 Rn. 59; Henssler/Strohn/*Dauner-Lieb*, § 93 AktG Rn. 7; Spindler/Stilz/*Fleischer*, § 93 Rn. 41; 43.

[71] GK AktG/*Hopt/Roth*, § 93 Rn. 58; Henssler/Strohn/*Dauner-Lieb*, § 93 AktG Rn. 7a; MüKoGmbHG/*Fleischer*, § 43 Rn. 49;

[72] Baumbach/Hueck/*Beurskens*, § 43 Rn. 9; *Eisenhardt/Wackerbarth*, § 4 Rn. 78; Henssler/Strohn/*Oetker*, § 43 GmbHG Rn. 15; MüKoGmbHG/*Fleischer*, § 43 Rn. 48; Rowedder/Schmidt-Leithoff/*Schnorbus*, § 43 Rn. 13; Ulmer/*Paefgen*, § 43 Rn. 39; *Wicke*, § 43 Rn. 4.

[73] MüKoGmbHG/*Fleischer*, § 43 Rn. 56.

Prozesse und Handlungen. Diese Kontrollen weisen dabei einen antizipierenden, einen begleitenden und einen rückblickenden Betrachtungswinkel auf.[74]

Unter die Organisationsverantwortung falle überwiegend die Pflicht der Unternehmensleitung das Unternehmen so zu organisieren, dass der Gesellschaftszweck am besten realisiert werden könne.[75]

Die Finanzverantwortung ginge die Unternehmensleitung zur Sicherung der Liquidität ein. Dafür sei eine Gesamtorganisation der Unternehmensfinanzierung erforderlich.[76]

Schlussendlich sei die Unternehmensleitung verpflichtet, über jegliche Vorgänge im Unternehmen berichten zu können. Hierfür würde die Erstellung eines Berichtswesens benötigt, damit jederzeit präzise Informationen aus allen Bereichen geliefert werden könnte.[77]

Alle Verantwortungsfelder finden dabei ihre Grenzen in der Legalitätspflicht als „äußerer Rahmen" der Sorgfaltspflicht. Denn eine Verletzung der Legalitätspflicht wird stets auch als eine Verletzung der Sorgfaltspflicht des Organträgers gewertet.[78] Ungeachtet dessen stellt sich die Frage, inwiefern dem Organträger allgemein im Rahmen der Sorgfaltspflicht bei Einzelentscheidungen bzw. -handlungen ein Sorgfaltsmaßstab zur Verfügung steht, da ansonsten erhebliche Schwierigkeiten bei der Auslegung der Sorgfaltspflicht, aufgrund fehlender Anhaltspunkte die Folge wären.

(1) Die Business Judgement Rule

Im Rahmen der zentralen Anwendungsfelder der Leitungssorgfalt verfügt ein Organträger, solange die Legalitäts- und Treuepflicht eingehalten wird, über einen unternehmerischen Ermessensspielraum,[79] der gleichzeitig als Sorgfaltsmaßstab für den Organträger dient.[80] Die Leitlinien dieses Ermessensspielraumes sind in der

---

[74] MüKoGmbHG/*Fleischer*, § 43 Rn. 57 f.
[75] MüKoGmbHG/*Fleischer*, § 43 Rn. 59.
[76] MüKoGmbHG/*Fleischer*, § 43 Rn. 62.
[77] MüKoGmbHG/*Fleischer*, § 43 Rn. 65.
[78] GK AktG/*Hopt/Roth*, § 93 Rn. 58 ff.; Hüffer/Koch/*Koch*, § 93 Rn. 6; MüKoAktG/*Spindler*, § 93 Rn. 22.
[79] Hölters/*Hölters*, § 93 Rn. 33; MHLS/*Ziemons*, § 43 Rn. 134; MüKoGmbHG/*Fleischer*, § 43 Rn. 66; Spindler/Stilz/*Fleischer*, § 93 Rn. 67.
[80] Grigoleit/*Grigoleit/Tomasic*, § 93 Rn. 26 ff.; Hölters/*Hölters*, § 93 Rn. 26; *Scholz*, AG 2018, S. 173; Spindler/Stilz/*Fleischer*, § 93 Rn. 10.

Business Judgement Rule festgehalten. Die Business Judgement Rule ist ein Teil der Sorgfaltspflicht[81] und stellt innerhalb des Konstrukts der Sorgfaltspflicht eine Konkretisierung bei einer rechtlich nicht gebundenen Entscheidung dar. Ist der Tatbestand der Business Judgement Rule zu bestätigen, verdrängt dieser die Regelung nach § 93 Abs. 1 S. 1. Auch hier gilt die Legalitätspflicht des Organträgers als Grenze der Business Judgement Rule. Handelt der Organträger allerdings innerhalb der Grenzen der Business Judgement Rule, ist eine Haftung auch bei möglichen Negativentwicklungen der Folgen ausgeschlossen (sog. Geschäftsleiterermessen bzw. Ermessensspielraum). Maßgebend für den Organträger ist deshalb allein, dass dieser, innerhalb des rechtlich zulässigen, bei jeder unternehmerischen Handlung stets auf die Einhaltung des unternehmerischen Ermessens aus einer *ex-ante* Perspektive achtet.[82] Eine mögliche Haftung ist folglich ausgeschlossen, wenn das jeweilige Organ im Sinne des § 93 Abs. 1 S. 2 AktG *„bei einer unternehmerischen Entscheidung vernünftigerweise annehmen durfte, auf der Grundlage angemessener Information zum Wohle der Gesellschaft zu handeln."*

(a) Unternehmerische Entscheidung

Der Haftungsausschluss des Organträgers setzt zunächst voraus, dass eine unternehmerische Entscheidung getroffen wurde. Eine unternehmerische Entscheidung ist eine Entscheidung des Organträgers, die in Angelegenheiten der Gesellschaft getroffen wurde und die nicht in irgendeiner Art und Weise gebunden ist (Gesetz, Satzung, Geschäftsordnung oder Anstellungsvertrag). Die Tatsache, dass der Organträger eine Entscheidung getroffen hat, setzt voraus, dass mehrere gesetzlich zulässige Handlungsalternativen bestanden.[83] Da die Entscheidung aus einer *ex-ante* Perspektive mittels einer Prognose getroffen werden muss, ist die unternehmerische Entscheidung mit einem Restrisiko behaftet,[84] und sollte daher

---

[81] Henssler/Strohn/*Dauner-Lieb*, § 93 AktG Rn. 19; Spindler/Stilz/*Fleischer*, § 93 Rn. 59.
[82] BeckOK HGB/*Fischer/Scholl*, § 114 Rn. 136; GK AktG/*Hopt/Roth*, § 93 Rn. 61; Hölters/*Hölters*, § 93 Rn. 29; MHLS/*Ziemons*, § 43 Rn. 135; MüKoAktG/*Spindler*, § 93 Rn. 43.
[83] *Brock*, Legalitätsprinzip und Nützlichkeitserwägungen, S. 38; GK AktG/*Hopt/Roth*, § 93 Rn. 80; Henssler/Strohn/*Dauner-Lieb*, § 93 AktG Rn. 21; Henssler/Strohn/*Oetker*, § 43 GmbHG Rn. 27 f.; Hölters/*Hölters*, § 93 Rn. 30; Hüffer/Koch/*Koch*, § 93 Rn. 16; MHLS/*Ziemons*, § 43 Rn. 137 f.; MüKoAktG/*Spindler*, § 93 Rn. 48.
[84] *Brock*, Legalitätsprinzip und Nützlichkeitserwägungen, S. 38; GK AktG/*Hopt/Roth*, § 93 Rn. 80; Henssler/Strohn/*Dauner-Lieb*, § 93 AktG Rn. 21; Henssler/Strohn/*Oetker*, § 43 GmbHG Rn. 27 f.; Hölters/*Hölters*, § 93 Rn. 30; Hüffer/Koch/*Koch*, § 93 Rn. 16; MHLS/*Ziemons*, § 43 Rn. 137 f.; MüKoAktG/*Spindler*, § 93 Rn. 48.

gegen *ex-post* eingreifende gerichtliche Entscheidungen geschützt sein (Schutz vor Rückschaufehler oder „*hindsight bias*")[85].

Auch bewusstes Unterlassen einer Handlung kann als eine unternehmerische Entscheidung gesehen werden. Voraussetzung ist, dass es sich nicht um eine schlichte Untätigkeit handelt, sondern der Organträger bewusst entschieden hat, die Handlung nicht vorzunehmen.[86] Die allgemeine Unbestimmtheit und die damit verbundene, im wesentlichen fehlende Klarstellung des Begriffs verdeutlicht, dass das Tatbestandsmerkmal weit auszulegen ist, weil ansonsten ein Widerspruch zum verfolgten Zweck der allgemeinen Freiheit des unternehmerischen Handlungsspielraum entstünde.[87]

Ansonsten muss generell eine Einzelfallentscheidung unter Heranziehung der Umstände, der konkreten Situation, hier insbesondere die Art und der Umfang des jeweiligen Unternehmens, sowie der möglichen Handlungsentscheidung eines gewissenhaften und ordentlichen Organträgers in der gleichen Position getroffen werden.[88]

(b) Angemessene Informationsgrundlage

Damit eine unternehmerische Entscheidung getroffen werden kann, wird eine angemessene Informationsgrundlage benötigt. Ohne eine ausreichende Informationslage ist die unternehmerische Entscheidung nicht schutzwürdig.[89] Hier stellt sich nun allerdings die Frage, wie die Qualifikation „angemessen" auszulegen ist. Zu Beginn ist festzustellen, dass eine generelle Pflicht zur Beschaffung aller nur erdenklichen Informationen nicht besteht.[90] Vielmehr muss der Organträger davon ausgehen können, dass die Informationsgrundlage vernünftigerweise angemessen ist, also ausreichend Informationen hinsichtlich der Art und Bedeutung der

---

[85] *Faßbender*, NZG 2015, S. 503; *Greubel/Wiedmann*, CCZ 2019, S. 88; *Klein/Ott*, AG 2017, S. 209; MüKoAktG/*Spindler*, § 93 Rn. 43; Spindler/Stilz/*Fleischer*, § 93 Rn. 60.
[86] GK AktG/*Hopt/Roth*, § 93 Rn. 81; Hüffer/Koch/*Koch*, § 93 Rn. 16; MHLS/*Ziemons*, § 43 Rn. 137; MüKoAktG*Spindler*, § 93 Rn. 50.
[87] GK AktG/*Hopt/Roth*, § 93 Rn. 83; Hölters/*Hölters*, § 93 Rn. 30; Hüffer/Koch/*Koch*, § 93 Rn. 8 ff.; MüKoAktG/*Spindler*, § 93 Rn. 63.
[88] GK AktG/*Hopt/Roth*, § 93 Rn. 85; 88; MüKoAktG/*Spindler*, § 93 Rn. 65; MüKoGmbHG/*Fleischer*, § 43 Rn. 82.
[89] GK AktG/*Hopt/Roth*, § 93 Rn. 102; Hüffer/Koch/*Koch*, § 93 Rn. 20; MüKoAktG/*Spindler*, § 93 Rn. 57.
[90] *Brock*, Legalitätsprinzip und Nützlichkeitserwägungen, S. 40 f.; Fleischer/*Fleischer*, § 7 Rn. 58 f.; GK AktG/*Hopt/Roth*, § 93 Rn. 105; MüKoGmbHG/*Fleischer*, § 43 Rn. 84.

Entscheidung und der dafür zur Verfügung stehenden zeitlichen Komponente vorliegen. Ob dies der Fall ist, gilt es durch den Organträger im Rahmen einer Prüfung durch Abwägung aller Umstände herauszufinden, insbesondere durch Heranziehung der Möglichkeiten der Informationsbeschaffung und dem Verhältnis von Informationsbeschaffungskosten und den voraussichtlichen Informationsnutzen.[91]

Die Entscheidung, ob die vorhandene Informationsgrundlage angemessen ist, hat der Organträger selbst in Form einer unternehmerischen Entscheidung zu treffen.[92] Auch hier wird eine *ex-ante* Beurteilung benötigt. Es gilt: je wichtiger die zu treffende Entscheidung für den Bestand und den Erfolg des Unternehmens ist, desto breiter und tiefgründiger muss die Informationslage sein. Daher werden klassischerweise bei wichtigen Entscheidungen Sachverständigengutachten oder externe Analysen eingeholt. Eine Entlastung nur auf Grundlage der Einholung externer Informationen führt nicht zwangsläufig zur Angemessenheit der Informationslage. Ebenfalls nicht ausreichend sind rein formale und regelmäßige Absicherungen durch routinemäßige Sachverständigengutachten oder externen Analysen.[93] Wurde ein externer Rat vom Organträger eingeholt, so muss der Rat auf Grundlage eines vollständigen Sachverhalts erteilt werden und abschließend durch den Organträger auf Plausibilität geprüft werden. Andernfalls darf sich der Organträger nicht auf den externen Rat verlassen.[94] Zudem kann es von Vorteil sein, Informationsquellen nicht nur beschaffen zu lassen, sondern durch eigenständige Untersuchungen solche zu generieren (Stichwort: Interne Revisionsabteilungen oder Controlling-Abteilungen). Besteht beim Entscheidungsträger selbst nicht die notwendige Fachkunde, kann die Angemessenheit der Informationslage in jedem Fall nicht ohne Einholung eines Expertenrats hergestellt werden.[95]

---

[91] *Brock*, Legalitätsprinzip und Nützlichkeitserwägungen, S. 40; GK AktG/*Hopt/Roth*, § 93 Rn. 104 f.; Henssler/Strohn/*Dauner-Lieb*, § 93 AktG Rn. 22; Hölters/*Hölters*, § 93 Rn. 34 f.; Hüffer/Koch/*Koch*, § 93 Rn. 20 ff.; MüKoAktG/*Spindler*, § 93 Rn. 55; MüKoGmbHG/*Fleischer*, § 43 Rn. 84 f.; Spindler/Stilz/*Fleischer*, § 93 Rn. 70.
[92] Siehe hierzu *OLG Köln*, AG 2010, S. 415 f.
[93] Begr. RegE UMAG, BT-Drucks. 15/5092, S. 12; *Brock*, Legalitätsprinzip und Nützlichkeitserwägungen, S. 41; *Fleischer*, ZHR (172) 2008, S. 553; GK AktG/*Hopt/Roth*, § 93 Rn. 106; Hölters/*Hölters*, § 93 Rn. 34; Hüffer/Koch/*Koch*, § 93 Rn. 22; MüKoAktG/*Spindler*, § 93 Rn. 57; 59; MüKoGmbHG/*Fleischer*, § 43 Rn. 84.
[94] *BGH*, AG 2011, S. 877; *Fleischer*, NJW 2009, S. 2339; *Graewe/von Harder*, BB 2017, S. 709; Hüffer/Koch/*Koch*, § 93 Rn. 22; MüKoGmbHG/*Fleischer*, § 43 Rn. 84; *Peters*, AG 2010, S. 816.
[95] *Brock*, Legalitätsprinzip und Nützlichkeitserwägungen, S. 41; GK AktG/*Hopt/Roth*, § 93 Rn. 108 f.; Hölters/*Hölters*, § 93 Rn. 34.

(c) Handeln zum Wohle der Gesellschaft

Die auf einer angemessenen Grundlage getroffene unternehmerische Entscheidung muss zudem in der objektiven Absicht des Organträgers getroffen werden, zum Wohle der Gesellschaft gehandelt zu haben. Die Frage, ob eine Entscheidung zum Wohle der Gesellschaft getroffen wurde, ist zu bejahen, wenn aus der *ex-ante* Perspektive vernünftigerweise angenommen werden durfte, dass die Entscheidung der langfristigen Ertragsstärkung und Wettbewerbsfähigkeit des Unternehmens dient.[96] Hinsichtlich des Auslegungsrahmens, wann bei einer Entscheidung vernünftigerweise angenommen werden durfte, zum Wohle der Gesellschaft zu handeln, herrscht insoweit Einigkeit, als dass das ARAG/Garmenbeck-Urteil nach wie vor maßgeblich ist. Danach kommt die Überschreitung dieses Tatbestandsmerkmals erst in Betracht, wenn die unternehmerische Leitungssorgfalt „deutlich überschritten" bzw. „in unverantwortlicher Weise" überschritten wurde. Überschritten wird daher dieses Tatbestandsmerkmal erst bei wirklich unvernünftigen, gar übermäßig schlechten Entscheidungen, die selbst für einen objektiven Dritten auf den ersten Blick als verantwortungslos erscheinen.[97]

(d) Keine sachfremden Erwägungen

Als abschließendes Tatbestandsmerkmal muss der Organträger bei der Entscheidungsfindung frei von Fremdeinflüssen und Interessenskonflikten sowie unmittelbarem Eigennutz handeln.[98] In der Praxis sollte dies selten ein Problem darstellen, da dieses Tatbestandsmerkmal auch Teil der organschaftlichen Treuepflicht ist.[99] Ergänzend dazu ist zu sagen, dass eine Interessenkollision nicht zwangsläufig zum Untergang des Tatbestandmerkmales führt, sondern nur die

---

[96] *Brock*, Legalitätsprinzip und Nützlichkeitserwägungen, S. 39; GK AktG/*Hopt/Roth*, § 93 Rn. 99; Hauschka/Moosmayer/Lösler/*Herb*, § 19 Rn. 12; Henssler/Strohn/*Dauner-Lieb*, § 93 AktG Rn. 23; Hölters/*Hölters*, § 93 Rn. 39; Hüffer/Koch/*Koch*, § 93 Rn. 23; MüKoAktG/*Spindler*, § 93 Rn. 53 f.; MüKoGmbHG/*Fleischer*, § 43 Rn. 87 ff.; Spindler/Stilz/*Fleischer*, § 93 Rn. 74.

[97] *Brock*, Legalitätsprinzip und Nützlichkeitserwägungen, S. 39; MüKoAktG/*Spindler*, § 93 Rn. 53 f.; Spindler/Stilz/*Fleischer*, § 93 Rn. 75.

[98] GK AktG/*Hopt/Roth*, § 93 Rn. 90 ff.; Grigoleit/*Grigoleit/Tomasic*, § 93 Rn. 33; Henssler/Strohn/*Dauner-Lieb*, § 93 AktG Rn. 24; Hölters/*Hölters*, § 93 Rn. 40; MüKoAktG/*Spindler*, § 93 Rn. 69; MüKoGmbHG/*Fleischer*, § 43 Rn. 86 ff.; Spindler/Stilz/*Fleischer*, § 93 Rn. 72.

[99] *Diekmann/Fleischmann*, AG 2013, S. 148; *Fischbach/Löbbe*, AG 2014, S. 725; *Fleischer*, WM 2003, S. 1049; GK AktG/*Hopt/Roth*, § 93 Rn. 90; MüKoAktG/*Spindler*, § 93 Rn. 69; Spindler/Stilz/*Fleischer*, § 93 Rn. 72a; 76.

Interessenskollision, die tatsächlich das Potenzial hat, die unternehmerische Entscheidung zu beeinflussen.[100]

Bei Entscheidungen innerhalb eines Organs ist bei einem Interessenkonflikt zudem auf die Anzahl der Mitglieder zu achten und zwischen einem offenen und einem verdeckten Interessenkonflikt zu unterscheiden. Befindet sich nur ein Mitglied in einem Interessenskonflikt, so muss dieses wegen der Treuepflicht das gesamte Organ (und gegebenenfalls den Aufsichtsrat) informieren. Diese Verpflichtung ergibt sich, vor allem bei börsennotierten AGs, zudem aus Ziffer E.2 des Deutschen Corporate Governance Kodex[101]. Kommt das Vorstandsmitglied dem nicht nach, führt das zum Wegfall der Privilegierung der Business Judgement Rule des gesamten Vorstandes.[102] Nach Offenlegung eines Interessenkonfliktes, entscheiden die Vorstandsmitglieder, welche keinem Interessenskonflikt unterliegen, über die Maßnahme.

Vereinzelte Stimmen in der Literatur empfehlen zudem, den Aufsichtsrat über die Maßnahme abstimmen zu lassen und begründen dies mit der allgemeinen Überwachungsfunktion des Aufsichtsrates. So könne bei Zustimmung zur Maßnahme auch das von einem Interessenskonflikt befangene Vorstandsmitglied die Maßnahme mitentscheiden.[103] In jedem Fall führt das Offenlegen des Interessenkonfliktes und die Abstimmung über die Maßnahme vom verbleibenden Vorstand dazu, dass sich der Vorstand als solcher bei einer Fehlentscheidung auf die Business Judgement Rule berufen kann.[104]

(2) Zwischenfazit zur Business Judgement Rule

Das Vorliegen dieser Tatbestandsmerkmale führt zur Haftungsprivilegierung des Vorstandes auch bei einem aus der Entscheidung des Organträgers entstehenden

---

[100] Begr. RegE UMAG, BT-Drucks. 15/5092, S. 11; GK AktG/*Hopt/Roth*, § 93 Rn. 92; MüKoAktG/*Spindler*, § 93 Rn. 38; 70.
[101] Anmerkung: Die Ziffer bezieht sich auf die neue Fassung des Deutschen Corporate Governance Kodex vom 16. Dezember 2019.
[102] *Blasche*, AG 2010, S. 693; GK AktG/*Hopt/Roth*, § 93 Rn. 94 f. Hölters/*Hölters*, § 93 Rn. 37; MüKoAktG/*Spindler*, § 93 Rn. 71; Spindler/Stilz/*Fleischer*, § 93 Rn. 72.
[103] Dafür ist unter anderem: *Blasche*, AG 2010, S. 697; Hölters/*Hölters*, § 93 Rn. 38. Gegenteilige Ansicht vertritt unter anderem: *Dinkel/Kock*, NZG 2004, S. 444; GK AktG/*Hopt/Roth*, § 93 Rn. 96; Hüffer/Koch/*Koch*, § 93 Rn. 26; Spindler/Stilz/*Fleischer*, § 93 Rn. 72c.
[104] *Blasche*, AG 2010, S. 697 ff.; GK AktG/*Hopt/Roth*, § 93 Rn. 94 f.; Hölters/*Hölters*, § 93 Rn. 38; MüKoAktG/*Spindler*, § 93 Rn. 71; Spindler/Stilz/*Fleischer*, § 93 Rn. 72a.

Schaden.[105] Wegen der Beweisnähe des Organträgers beinhaltet § 93 Abs. 2 S. 2 AktG eine Beweislastumkehr. Diese umfasst neben der Beweislast der objektiven Pflichtverletzung auch die Voraussetzungen der Business Judgement Rule.[106] Die Gesellschaft ist ergo nur verpflichtet, ein überzeugendes und potentiell haftungsbegründendes Verhalten des Organträger sowie den daraus kausal entstehenden Schaden aufzuzeigen.[107] Aus der umgekehrten Beweislast ergibt sich de facto auch, dass den Organträger bei der unternehmerischen Ermessensentscheidung einen erhöhten Dokumentationsaufwand trifft. Denn im Zweifel muss der Organträger jeden einzelnen Schritt beweisen können. Da jedoch eine unterlassene Dokumentation nicht gleichzeitig eine Pflichtverletzung darstellt und auch ansonsten keine weiteren Formerfordernisse existieren, ist die Art der Dokumentation zweitrangig.[108]

b) Konsequenz der Organhaftung: Innen- & Außenhaftung

Liegt eine Pflichtverletzung eines Organträgers nach §§ 93 Abs. 2, 116 AktG bzw. § 43 Abs. 2 GmbHG vor, wodurch der Gesellschaft ein kausaler Schaden entstanden ist, und kann sich der Organträger auch nicht exkulpieren, stellt sich die Frage der Haftungsfolgen – wem ist der Organträger also in welcher Art und in welchem Umfang verpflichtet und wann ist der Anspruch verjährt? Zudem muss geprüft werden, inwiefern aus den obigen Anspruchsnormen weitere Haftungsansprüche entstehen könnten.

Abschließend soll die D&O-Versicherung als finanzielle Absicherungsmethode sowohl der Gesellschaft als auch des Organträgers, kurz beleuchtet werden.

---

[105] GK AktG/*Hopt/Roth*, § 93 Rn. 61; Grigoleit/*Grigoleit/Tomasic*, § 93 Rn. 27; Henssler/Strohn/*Dauner-Lieb*, § 93 AktG Rn. 18; Hölters/*Hölters*, § 93 Rn. 29; Hüffer/Koch/*Koch*, § 93 Rn. 9; MüKoAktG/*Spindler*, § 93 Rn. 43; *Scholz*, AG 2015, S. 222.
[106] Grigoleit/*Grigoleit/Tomasic*, § 93 Rn. 69; Henssler/Strohn/*Dauner-Lieb*, § 93 AktG Rn. 36; Hölters/*Hölters*, § 93 Rn. 264; Hüffer/Koch/*Koch*, § 93 Rn. 53; MüKoAktG/*Spindler*, § 93 Rn. 203; MüKoGmbHG/*Fleischer*, § 43 Rn. 90; Spindler/Stilz/*Fleischer*, § 93 Rn. 220.
[107] Grigoleit/*Grigoleit/Tomasic*, § 93 Rn. 69; Henssler/Strohn/*Dauner-Lieb*, § 93 AktG Rn. 36; Hölters/*Hölters*, § 93 Rn. 264; Hüffer/Koch/*Koch*, § 93 Rn. 53; MüKoAktG/*Spindler*, § 93 Rn. 208; Spindler/Stilz/*Fleischer*, § 93 Rn. 77.
[108] *Goette/Goette*, DStR 2016, S. 818 f.; *Hoffmann/Schieffer*, NZG 2017, S. 406; MüKoAktG/*Spindler*, § 93 Rn. 207; MüKoGmbHG/*Fleischer*, § 43 Rn. 90.

aa) Die Innenhaftung der Organträger

Grundsätzlich führt die Tatbestandsverwirklichung der §§ 93 Abs. 2, 116 AktG bzw. § 43 Abs. 2 GmbHG dazu, dass die Organträger „*der Gesellschaft zum Ersatz des [aus der Pflichtverletzung] [...] entstehenden Schadens als Gesamtschuldner verpflichtet [sind]*". Anspruchsteller ist deswegen die Gesellschaft. Gemäß § 112 S. 1 AktG ist es Aufgabe des Aufsichtsrates, die Gesellschaft gerichtlich und außergerichtlich gegenüber den Vorstandsmitgliedern zu vertreten. Bei Kenntnis einer potentiellen Pflichtverletzung hat der Aufsichtsrat die Pflicht, den Anspruch gegenüber dem Vorstand geltend zu machen. Dies ergibt sich aus der Pflicht, den Vorstand gemäß § 111 Abs. 1 AktG zu überwachen und im Rahmen der Überwachungstätigkeit und der Tatsache, dass dem Aufsichtsrat kein unternehmerischer Ermessensspielraum bei der Frage einer Geltendmachung von Ersatzansprüchen im Rahmen seiner vergangenheitsorientierten Überwachungstätigkeit obliegt. Eine Ausnahme hiervon ist gegeben, wenn die Geltendmachung des Anspruchs im Konflikt mit anderen wesentlichen Interessen der Gesellschaft steht.[109] Neben der Geltendmachung durch den Aufsichtsrat auf Grundlage der Überwachungstätigkeit kann dieser auch wegen § 147 Abs. 1 AktG durch einen Hauptversammlungsbeschluss mit einfacher Mehrheit zur Geltendmachung verpflichtet werden. Sollte der Aufsichtsrat seiner Pflicht zur Geltendmachung des Anspruchs nicht nachkommen, verletzt er damit die Pflicht, seine Tätigkeit zum Wohle der Gesellschaft auszurichten.[110]

Für die Art und den Umfang des Schadens werden die Regelungen des BGB herangezogen.[111] Es gilt die Differenzhypothese aus § 249 Abs. 1 BGB, wonach jede Beeinträchtigung eines Interesses, sowohl vermögenswerter als auch ideeller Natur, geltend gemacht werden kann.[112] Es muss der Zustand hergestellt werden, der bestünde, wenn die Pflichtverletzung nicht eingetreten wäre. Demnach sind nicht nur die tatsächlich eingetretenen Vermögensverluste, sondern auch die zukünftig entgangenen Gewinne geltend zu machen. Eine reine

---

[109] Hölters/*Hölters*, § 93 Rn. 291 f.; MüKoAktG/*Habersack*, § 116 Rn. 44; Münch. Hdb. GesR/*Wiesner* § 26 Rn. 22 f.; Spindler/Stilz/*Fleischer*, § 93 Rn. 291.
[110] *BGH*, NJW 1997, S. 1926.
[111] Henssler/Strohn/*Dauner-Lieb*, § 93 AktG Rn. 34; Henssler/Strohn/*Oetker*, § 43 GmbHG Rn. 35; Hölters/*Hölters*, § 93 Rn. 252; Hüffer/Koch/*Koch*, § 93 Rn. 47; MüKoAktG/*Spindler*, § 93 Rn. 192; MüKoGmbHG/*Fleischer*, § 43 Rn. 263 ff.; Rowedder/Schmidt-Leithoff/*Schnorbus*, § 43 Rn. 70; Spindler/Stilz/*Fleischer*, § 93 Rn. 211 ff.
[112] Hölters/*Hölters*, § 93 Rn. 252; Hüffer/Koch/*Koch*, § 93 Rn. 47 ff.; LORS/*Oetker*, § 249 Rn. 16; MüKoAktG/*Spindler*, § 93 Rn. 192; Spindler/Stilz/*Fleischer*, § 93 Rn. 211 ff.

Vermögensgefährdung stellt keinen Schaden dar, kann aber möglicherweise im Rahmen des strafrechtlichen Tatbestandes der Untreue geltend gemacht werden[113]. Auch bei bereits überschuldeten Gesellschaften kann ein weiterer Schaden durch eine Pflichtverletzung der Organträger entstehen.[114] Teil des ersatzfähigen Schadens sind auch all jene Aufwendungen, die betrieben wurden, um die Pflichtverletzung bzw. den ganzen Sachverhalt aufzuklären[115].

Bei der Höhe der Schadensbemessung müssen laut Rechtsprechung und herrschender Lehre mögliche Vorteilsausgleichungen angewendet werden. Daher müssen Gewinne, die in adäquat kausalem Zusammenhang mit der Pflichtverletzung stehen, berücksichtigt werden, solange der Vorteilsausgleich dem Sinn und Zweck des Schadensersatzanspruchs nicht widerspricht und auch nicht den Beschuldigten begünstigt. Die Beweislast für den Vorteilsausgleich und der Kausalität trägt in jedem Fall der Organträger.[116] Für den Schaden selbst haftet schlussendlich der Vorstand gesamtschuldnerisch, auch wenn nur ein Vorstandsmitglied verantwortlich war. Die Gesamtschuld trifft auch Aufsichtsratsmitglieder, wenn diese in Anspruch genommen werden. Das gleiche gilt für die Geschäftsführer einer GmbH.[117]

Die Verjährung der Ansprüche aus § 93 AktG ergeben sich aus § 93 Abs. 6 AktG, wonach der Anspruch innerhalb von fünf Jahren verjährt und zum Untergang des Anspruchs führt. Eine Ausnahme hiervon sind börsennotierte Gesellschaften, bei denen der Anspruch nach zehn Jahren verjährt. Der Beginn der Verjährungsfrist ergibt sich dabei aus § 200 BGB, also mit der Entstehung des Schadens unabhängig von dessen Kenntniserlangung, soweit keine Sonderverjährung (etwa bei Ansprüchen aus § 823 Abs. 2 BGB) vorgesehen ist.[118] Eine durch Vertrag oder

---

[113] Spindler/Stilz/*Fleischer*, § 93 Rn. 213.
[114] Grigoleit/*Grigoleit/Tomasic*, § 93 Rn. 63; Hölters/*Hölters*, § 93 Rn. 252 f.; Hüffer/Koch/*Koch*, § 93 Rn. 57; MüKoAktG/*Spindler*, § 93 Rn. 192; Spindler/Stilz/*Fleischer*, § 93 Rn. 213.
[115] *Fleischer*, NZG 2014, S. 327; *Lüneborg/Resch*, NZG 2018, S. 214; MüKoAktG/*Spindler*, § 93 Rn. 193. Die gleiche Position ohne genauere Ausführung nimmt auch das LG München ein: *LG München I*, NZG 2014, S. 346.
[116] *Bruns*, NJW 2019, S. 801 ff.; Grigoleit/*Grigoleit/Tomasic*, § 93 Rn. 66; Hölters/*Hölters*, § 93 Rn. 256; MüKoAktG/*Spindler*, § 93 Rn. 192; Spindler/Stilz/*Fleischer*, § 93 Rn. 214a.
[117] Grigoleit/*Grigoleit/Tomasic*, § 93 Rn. 66; Henssler/Strohn/*Dauner-Lieb*, § 93 AktG Rn. 37 f.; Henssler/Strohn/*Oetker*, § 43 GmbHG Rn. 45; MüKoGmbHG/*Fleischer*, § 43 GmbHG Rn. 215; Hüffer/Koch/*Koch*, § 93 Rn. 57; Roth/Altmeppen/*Altmeppen*, § 43 Rn. 37; Spindler/Stilz/*Fleischer*, § 93 Rn. 177.
[118] Grigoleit/*Grigoleit/Tomasic*, § 93 Rn. 67; Henssler/Strohn/*Dauner-Lieb*, § 93 AktG Rn. 54; Hüffer/Koch/*Koch*, § 93 Rn. 86; Spindler/Stilz/*Fleischer*, § 93 Rn. 302f. So entschied auch das OLG München: *OLG München*, AG 2017, 634.

Satzung veränderte Verjährungsfrist – weder Verkürzung noch Verlängerung – sind laut der h.M. wegen dem Gebot der Satzungsstrenge unzulässig.[119]

Schließlich kann der Schadensersatzanspruch auch deshalb untergehen, weil der jeweilig in Anspruch genommene Organträger zum Zeitpunkt der Pflichtverletzung gar kein Organträger war und der vermeintliche Organträger nicht für die Gesellschaft tätig geworden ist. Das ist nur möglich, weil für den Beginn der Haftung kein rechtswirksamer Bestellungsakt oder Anstellungsvertrag benötigt wird, sondern nur der objektive Schein durch das tatsächliche Handeln als Vorstand erweckt sein muss. Ansonsten beginnen die Haftungsansprüche erst mit dem Wirksamwerden der Bestellung und enden mit der Beendigung der Amtszeit.[120]

Hinsichtlich des Schadens stellt sich zudem die Frage, inwiefern der Aktionär den leitenden Organträger wegen einer unerlaubten Handlung in Anspruch nehmen kann, wenn sich dessen Schaden mit dem Schaden der Gesellschaft deckt. Beispielhaft hierfür ist die Schädigung des Gesellschaftsvermögens, woraus mittelbar ein Schaden für den Aktionär entsteht, denn eine Schädigung des Gesellschaftsvermögens führt zur Wertminderung der Aktie, die eine Quote des Gesellschaftsvermögens repräsentiert.[121] Allerdings ist man sich im Allgemeinen einig, dass eine Doppelhaftung, also die Haftung des Vorstandes gegenüber der Gesellschaft und den Aktionären, auszuschließen ist. Der Vorstand hat nur gegenüber der Gesellschaft den Schaden auszugleichen, denn ein Ausgleich beider Parteien würde zu einer ungerechtfertigten Bereicherung des Aktionärs führen, indem dieser doppelt entschädigt werden würde.[122]

bb) Die Haftung der Organträger gegenüber Dritten

Zum einen ergibt sich daraus die Frage, ob ein Aktionär auf einem anderen Weg den Organträger wegen einer Pflichtverletzung in Anspruch nehmen kann. Zum

---

[119] *Harbarth/Jaspers*, NZG 2011, S. 370; Henssler/Strohn/*Dauner-Lieb*, § 93 AktG Rn. 54; Hölters/*Hölters*, § 93 Rn. 336; Hüffer/Koch/*Koch*, § 93 Rn. 88; Grigoleit/*Grigoleit/Tomasic*, § 93 Rn. 67; Spindler/Stilz/*Fleischer*, § 93 Rn. 303g.
[120] GK AktG/*Hopt/Roth*, § 93 Rn. 349 ff.; Hölters/*Hölters*, § 93 Rn. 232 f.; Hüffer/Koch/*Koch*, § 93 Rn. 37; MüKoAktG/*Spindler*, § 93 Rn. 15; Spindler/Stilz/*Fleischer*, § 93 Rn. 178 f.
[121] Grigoleit/*Grigoleit*, § 1 Rn. 25; Henssler/Strohn/*Lange*, § 1 AktG Rn. 12; Hölters/*Solveen*, § 1 Rn. 26; Hüffer/Koch/*Koch*, § 1 Rn. 13; MüKoAktG/*Heider*, § 1 Rn. 100; MüKoAktG/*Spindler*, § 93 Rn. 352; Spindler/Stilz/*Fock*, § 1 Rn. 94.
[122] GK AktG/*Hopt/Roth*, § 93 Rn. 640; Hölters/*Hölters*, § 93 Rn. 351; Hüffer/Koch/*Koch*, § 93 Rn. 88; MüKoAktG/*Spindler*, § 93 Rn. 352 f.; Spindler/Stilz/*Spindler*, § 116 Rn. 222 f.

anderen bleibt ungeklärt, ob Dritte bzw. Stakeholder (z.B. Gläubiger der Gesellschaft) mögliche Ansprüche aus den gleichen Gründen gegen den Organträger stellen können.

(1) Ansprüche der Aktionäre

Ansprüche der Aktionäre aus § 93 Abs. 2 AktG entfallen bei Schadenskongruenz.[123] Ein Schadensersatzanspruch des Aktionärs könnte sich jedoch aus § 823 Abs. 1 BGB ergeben. Einigkeit besteht dahingehend, dass das Mitgliedschaftsrecht des Aktionärs ein sonstiges Recht i.S.d. § 823 Abs. 1 BGB darstellt.[124] Allerdings ist der klassische Schaden eines Aktionärs stets ein Wertverlust der Beteiligung. Dabei gilt auch hier der Grundsatz, dass § 823 Abs. 1 BGB keine reinen Vermögensschäden deckt. Es bleibt ungeklärt, ob eine Handlung der Organträger überhaupt zu einem Schaden, der nicht reiner Vermögensschaden ist, führen kann.[125]

Auch wenn dadurch der Schadensersatzanspruch nach § 823 Abs. 1 BGB faktisch ausgeschlossen ist, so bleibt ein Anspruch nach § 823 Abs. 2 BGB in Verbindung mit einem Schutzgesetz bestehen. Mögliche Schutzgesetze, die ihre Wirkung auch gegenüber Aktionären entfalten, sind unter anderem §§ 159 StGB (Versuch der Anstiftung zur Falschaussage), 92 AktG (Vorstandspflichten bei Verlust, Überschuldung oder Zahlungsunfähigkeit), 263 StGB (Betrug) oder 266 Abs. 1 StGB (Untreue).[126] Ebenso kann ein Aktionär einen Organträger nach § 826 BGB wegen vorsätzlicher sittenwidriger Schädigung zum Ersatz verpflichten.[127]

---

[123] Siehe hierzu S. 32 zur ungerechtfertigten Bereicherung wegen einer doppelten Entschädigung durch den Aktionär: GK AktG/*Hopt/Roth*, § 93 Rn. 640; Hölters/*Hölters*, § 93 Rn. 351; Hüffer/Koch/*Koch*, § 93 Rn. 88; MüKoAktG/*Spindler*, § 93 Rn. 352 f.; Spindler/Stilz/*Spindler*, § 116 Rn. 222 f.

[124] BeckOK BGB/*Förster*, § 823 Rn. 171 f.; Erman BGB/*Westermann*, § 823 Rn. 41; Hölters/*Hölters*, § 93 Rn. 352; JauernigBGB/*Teichmann*, § 823 Rn. 18; MüKoBGB/*Wagner*, § 823 Rn. 306; Palandt/*Sprau*, § 823 Rn. 21; StaudingerBGB/*Hager*, § 823 Rn. 41.

[125] BeckOK BGB/*Förster*, § 823 Rn. 128; Erman BGB/*Westermann*, § 823 Rn. 41; Hölters/*Hölters*, § 93 Rn. 353; JauernigBGB/*Teichmann*, § 823 Rn. 18; MüKoBGB/*Wagner*, § 823 Rn. 216; StaudingerBGB/*Hager*, § 823 Rn. 41.

[126] Hölters/*Hölters*, § 93 Rn. 355; Hüffer/Koch/*Koch*, § 93 Rn. 61; MüKoAktG/*Kalss*, § 93 Rn. 428; Spindler/Stilz/*Fleischer*, § 92 Rn. 17.

[127] BeckOK BGB/*Förster*, § 826 Rn. 99; Hölters/*Hölters*, § 93 Rn. 356; Hüffer/Koch/*Koch*, § 93 Rn. 62; JauernigBGB/*Teichmann*, § 826 Rn. 16 ff.; MüKoBGB/*Wagner*, § 826 Rn. 49; Palandt/*Sprau*, § 826 Rn. 21; 35 ff.

(2) Ansprüche Dritter

Auch für Schäden Dritter haftet der Organträger nicht nach § 93 AktG.[128] Gleichwohl können Ansprüche geltend gemacht werden, wenn sie vertraglichen Ursprungs mit dem Organträger selbst als Partei sind (z.b. ein selbstständiges Garantieversprechen oder aus einem Anstellungsvertrag, wenn dieser mit der Muttergesellschaft geschlossen wurde).[129] Prinzipiell kommt auch ein Schadensersatzanspruch aus *culpa in contrahendo* nach § 280 Abs. 1 i.V.m. § 311 Abs. 3 BGB in Betracht, wenn eine Verletzung der vorvertraglichen Aufklärungs- und Obhutspflichten vorliegt.[130]

Auch ein Schadensersatzanspruch aus § 823 Abs. 1 BGB bzw. § 823 Abs. 2 i.V.m. einem Schutzrecht gegenüber einem Dritten muss in Erwägung gezogen werden. Voraussetzung ist, dass der Vorstand ein geschütztes Rechtsgut eines Dritten bzw. ein Schutzrecht verletzt hat. Die Verletzung ist dem Organträger auch dann zuzurechnen, wenn dieser die unerlaubte Handlung nur mittelbar, wegen einer Verletzung der Organisations- und Kontrollpflicht begangen hat. Der Organträger ist dann gegenüber dem Dritten persönlich haftbar.[131] Auch § 826 BGB ist gegenüber Dritten anwendbar.[132] Zuletzt ist noch die persönliche Haftung des Organträgers für das vorsätzliche oder grob fahrlässige Nichterfüllen der steuerlichen Pflichten der Gesellschaft gemäß § 69 S. 1 i.V.m. § 34 Abs. 1 AO möglich.[133]

cc) Zwischenfazit

Es ist festzuhalten, dass die primäre Anspruchsnorm der Organhaftung zwar im Hinblick auf die Haftung gegenüber der Gesellschaft die §§ 93 AktG, 43 GmbHG

---

[128] GK AktG/*Hopt/Roth*, § 93 Rn. 648; Hölters/*Hölters*, § 93 Rn. 361; Hüffer/Koch/*Koch*, § 93 Rn. 65; MüKoAktG/*Spindler*, § 93 Rn. 301; Spindler/Stilz/*Fleischer*, § 93 Rn. 307 f.
[129] GK AktG/*Hopt/Roth*, § 93 Rn. 650; Hölters/*Hölters*, § 93 Rn. 361; Hüffer/Koch/*Koch*, § 93 Rn. 67; Spindler/Stilz/*Fleischer*, § 93 Rn. 309.
[130] GK AktG/*Hopt/Roth*, § 93 Rn. 652; Hölters/*Hölters*, § 93 Rn. 362; MüKoBGB/*Grundmann*, § 311 Rn. 51; Spindler/Stilz/*Fleischer*, § 93 Rn. 310 ff. Dieser Meinung folgt auch der BGH: *BGH*, NZG 2008, S. 662.
[131] Hölters/*Hölters*, § 93 Rn. 366 ff.; MüKoBGB/*Wagner*, § 823 Rn. 95; MüKoBGB/*Wagner*, § 831 Rn. 7; MüKoBGB/*Grundmann*, § 278 Rn. 2; Spindler/Stilz/*Fleischer*, § 93 Rn. 313 ff.
[132] BeckOK BGB/*Förster*, § 826 Rn. 47; Hölters/*Hölters*, § 93 Rn. 373; Palandt/*Sprau*, § 826 Rn. 12; Spindler/Stilz/*Fleischer*, § 93 Rn. 320.
[133] BeckOK AO/*Specker*, § 69 Rn. 3; Hölters/*Hölters*, § 93 Rn. 377; Klein/*Rüsken* AO § 69 Rn. 9.

sind. Die allgemeinen und persönlichen Haftungsrisiken der Organträger gehen jedoch deutlich weiter. Die umfangreichen Risiken verursachen zum einen, dass das generelle Interesse an der Übernahme einer Funktion innerhalb eines Organs nachlassen wird. Viel wichtiger ist jedoch, dass die unternehmerische Bereitschaft der Organträger geschmälert und so allgemein die Gewinnchancen des Unternehmens vermindert werden. Das wiederum wäre ein Widerspruch zum eigentlichen Sinn und Zweck der Business Judgement Rule. Diese verfolgt den Schutz der unternehmerischen Entscheidungsfreiheit vor nicht einschätzbaren Risiken, um das zweckmäßige Eingehen von besagten Risiken im Rahmen des Rechtlichen zu ermöglichen, damit die Unternehmen die Möglichkeit bekommen langfristig erfolgreich zu wirtschaften.[134]

dd) Die D&O-Versicherung

Eine allgemein anerkannte und regelmäßig praktizierte Möglichkeit dieser Negativentwicklung bzw. diesem Widerspruch zur Business Judgement Rule entgegenzutreten, ist der Abschluss einer D&O-Versicherung. Die D&O-Versicherung (*„Directors and Officers"*-Versicherung) ist eine Vermögensschaden-Haftpflichtversicherung für die Organträger einer Gesellschaft.[135] Ziel und wesentlicher Vorteil der D&O-Versicherung ist, zum einen die unternehmerische Entscheidungsfreiheit durch Übernahme des finanziellen Risikos des Organträgers zu schützen und zum anderen die finanzielle Situation der Gesellschaft vor möglichen Schäden abzusichern, indem der Gesellschaft ein zahlungsfähigerer Schuldner (namentlich die Versicherungs-gesellschaft) gegenüber steht. Dadurch wird nicht nur das wirtschaftliche Ausfallrisiko der Gesellschaft minimiert, sondern es werden gleichzeitig auch die möglichen durchsetzbaren Anspruchssummen erhöht, wodurch die Kreditwürdigkeit der Gesellschaft steigt.[136]

---

[134] vgl. S. 11. Zur Nachlese siehe: *Bunnemann/Holzborn*, BKR 2005, S. 51; *Falkenhausen*, NZG 2012, S. 645.

[135] GK AktG/*Hopt/Roth*, § 93 Rn. 450 ff.; Henssler/Strohn/*Dauner-Lieb*, § 93 AktG Rn. 55; Hölters/*Hölters*, § 93 Rn. 394; Hüffer/Koch/*Koch*, § 93 Rn. 58; MüKoAktG/*Spindler*, § 93 Rn. 220; Spindler/Stilz/*Fleischer*, § 93 Rn. 225.

[136] *Cyrus*, NZG 2018, S. 9; Grigoleit/*Grigoleit/Tomasic*, § 93 Rn. 95; Hölters/*Hölters*, § 93 Rn. 398; 401; Hüffer/Koch/*Koch*, § 93 Rn. 58.

Ein weiterer Vorteil ist, dass grundsätzlich bei den Versicherungsanbietern einer D&O-Police keine allgemeinen Vorgaben an eine D&O-Versicherung bestehen. Die Gesellschaften können daher mit dem Versicherungsanbieter das Versicherungsverhältnis respektive die Versicherungspolice frei gestalten. So besteht die (oft auch umgesetzte) Möglichkeit, eine D&O-Versicherung nicht nur für Vorstände und Geschäftsführer abzuschließen, sondern auch, wie u.a. vom Deutschen Corporate Governance Kodex empfohlen, für Aufsichtsräte und leitende Angestellte. Weiterhin können dadurch für die einzelnen Branchen spezifische Risiken in die Policen implementiert werden.[137] Zwar gilt die D&O-Versicherung zunächst nur für Innenhaftungsfälle aus § 93 Abs. 2 S. 1 AktG, allerdings kommt die Literatur zu dem Ergebnis, dass nach Sinn und Zweck der D&O-Versicherung auch Fälle der Außenhaftung gedeckt sein müssen, wenn eine Pflichtverletzung gegenüber der Gesellschaft auch zu einer Außenhaftung gegenüber Dritten führt.[138]

Ungeachtet dessen sind die Grenzen der D&O-Versicherung nicht zu vergessen. Denn einerseits das Verschulden des versicherten Personenkreises und andererseits der gesetzlich vorgeschriebene Selbstbehalt führen zu einer Begrenzung der Haftungsübernahme. So führt vorsätzliches Handeln grundsätzlich nicht zur Anwendung der Haftungspolice.[139] Ein gesetzlich vorgeschriebener Selbstbehalt ist gemäß § 93 Abs. 2 S. 3 AktG immer dann abzuschließen, wenn die Gesellschaft für den/ein Vorstand(smitglied) eine D&O-Versicherung abschließt. Dabei gilt die Regelung auch für Vorstände von Tochter-AGs innerhalb einer Konzernstruktur.[140] Ohne dabei in die Tiefe der Anforderungen an den Selbstbehalt zu gehen, beträgt dieser gemäß § 93 Abs. 2 S. 3 AktG mindestens 10 % des individuellen Schadens (also bezogen auf jeden Einzelfall). Gleichzeitig muss der Selbstbehalt auf das Jahr hochgerechnet mindestens das 1,5-fache der jährlichen Festvergütung als Obergrenze betragen.[141] Abweichende, höher vorgesehene Selbstbehalte sind

---

[137] *Cyrus*, NZG 2018, S. 9; Hölters/*Hölters*, § 93 Rn. 396.
[138] GK AktG/*Hopt/Roth*, § 93 Rn. 457; Grigoleit/*Grigoleit/Tomasic*, § 93 Rn. 96; *van Kann*, NZG 2009, S. 1011; MAH VersR/*Sieg*, § 17 Rn. 10; *von Schenk*, NZG 2015, S. 496; Spindler/Stilz/*Fleischer*, § 93 Rn. 244; *Thüsing/Traut*, NZA 2010, S. 141.
[139] *Dreher*, AG 2008, S. 434; Hölters/*Hölters*, § 93 Rn. 399; *van Kann*, NZG 2009, S. 1013; *Mertens*, AG 2000, S. 448; *von Schenk*, NZG 2015, S. 496.
[140] *van Kann*, NZG 2009, S. 1011; *Kerst*, WM 2010, S. 604; MüKoAktG/*Spindler*, § 93 Rn. 227; *Thüsing/Traut*, NZA 2010, S. 143.
[141] Für weitere Anforderungen an den Selbstbehalt: GK AktG/*Hopt/Roth*, § 93 Rn. 456 ff.; Grigoleit/*Grigoleit/Tomasic*, § 93 Rn. 96 f.; Henssler/Strohn/*Dauner-Lieb*, § 93 AktG Rn. 58 ff.; Hölters/*Hölters*, § 93 Rn. 405 ff.; MüKoAktG/*Spindler*, § 93 Rn. 230 ff.; *von Schenk*, NZG 2015, S. 496; Spindler/Stilz/*Fleischer*, § 93 Rn. 239 ff.

zulässig. Ebenfalls zulässig ist die Versicherung des gesetzlichen D&O-Selbstbehaltes durch Abschluss einer weiteren Haftpflichtversicherung seitens des Vorstandes bzw. Organträgers.[142]

Damit lässt sich festhalten, dass die D&O-Versicherung den oben detailliert dargestellten persönlichen Haftungsrisiken der Organträger entgegenwirkt und somit als Instrument zur tatsächlichen Umsetzung des Leitgedankens der Business Judgement Rule beiträgt.

---

[142] Hüffer/Koch/*Koch*, § 93 Rn. 59; *Kerst*, WM 2010, S. 601; MüKoAktG/*Spindler*, § 93 Rn. 235; *von Schenk*, NZG 2015, S. 496; *Thüsing*, AG 2009, S. 526; *Thüsing/Traut*, NZA 2010, S. 143.

B. Organhaftung bei unklarer Rechtslage

Nachdem nun geklärt ist, wie der Regelungsgehalt der Organhaftung funktioniert und was deren historischer Ursprung bzw. Leitgedanke ist, stellen sich zwei wesentliche Fragen:

Die Business Judgement Rule ist nicht auf gebundene Entscheidungen anwendbar – sind rechtliche Entscheidungen bei denen die Rechtslage unklar ist, auch gebundene Entscheidungen? Und gilt die Business Judgement Rule möglicherweise gar nicht bei juristisch, sondern nur bei wirtschaftlich geprägten Entscheidungen?

Diese Fragen sollen im Kontext der Problemstellung bzw. dem Ziel dieser Arbeit, sprich ob eine Entscheidung unter Rechtsunsicherheit, unabhängig vom Vorliegen eines möglichen Rechtsirrtums, zur Haftungsprivilegierung des Organträgers nach § 93 Abs. 1 S. 2 AktG führen kann, ohne dass dadurch die Pflichtverletzung des Organträgers zu bejahen wäre, beantwortet werden. Dafür muss die Legalitätspflicht bei unklarer Rechtslage ausgelegt werden.

Um die Legalitätspflicht der Organträger im Kontext der unklaren Rechtslage jedoch auslegen zu können, muss zunächst geklärt werden, was genau eine unklare Rechtslage ist und ausmacht. Daher wird im folgenden Abschnitt versucht, die unklare Rechtslage allgemein am Beispiel der Cum/Ex-Geschäfte zu erklären. Danach soll herausgefunden werden, wie eine unklare Rechtslage in der Praxis festzustellen und zu behandeln ist.

I. Die unklare Rechtslage am Beispiel der Cum/Ex-Geschäfte

1. Die Cum/Ex-Geschäfte – eine unklare Rechtslage?

Zur Klärung dieser Frage, muss man zuerst verstehen, was genau ein Cum/Ex-Geschäft überhaupt ist.

Da es eine Vielzahl an Gestaltungsmöglichkeiten der Cum/Ex-Geschäfte gibt, soll im Folgenden eine grundsätzliche Cum/Ex-Struktur beschrieben werden:

Es gibt vier involvierte Parteien: eine Aktiengesellschaft (AG), an der der Aktionär (A) Aktien mit Dividendenbezugsrecht im Wert von 10 Geldeinheiten (GE) hält, ein Leerkäufer (LK) und einen Leerverkäufer (LV). Kurz vor dem

© Der/die Autor(en) 2021
M. Willen, *Die Business Judgement Rule*, Business, Economics, and Law, https://doi.org/10.1007/978-3-658-31322-7_2

Dividendenstichtag verkauft der LV dem LK Aktien mit Dividendenbezugsrecht in Höhe von 10 GE. Da LV selbst keine Aktien besitzt, nennt man diesen Kauf einen Leerkauf. Trotzdem zahlt LK 10 GE an LV, welcher LK verspricht, Aktien mit Dividendenbezugsrecht (auch „Cum"-Dividende) zu liefern.

Am Dividendenstichtag selbst wird dem A die Dividende (1 GE) von der AG gezahlt. Allerdings sind auf die Dividende Kapitalertragssteuern nach § 43a Abs. 1 S. 1 Nr. 1 EStG in Höhe von 25 % zu erheben, weshalb dem A nur die Nettodividende in Höhe von 75 % bzw. 0,75 GE ausgezahlt wird. Da es sich allerdings bei der Kapitalertragssteuer um einen Teil der Einkommenssteuer handelt, kann A eine Erstattung bzw. eine Anrechnung auf die Einkommenssteuer mittels der Einkommenssteuererklärung geltend machen. Aus diesem Zweck stellt die AG dem A einen Bescheid aus, der die abgeführte Kapitalertragssteuer belegt.

Unmittelbar nach dem Dividendenstichtag kauft LV die Aktien von A mit den 10 GE, welche er aus dem Leerverkauf mit LK erhalten hat (auch „Ex"-Dividende). Allerdings zahlt er nicht die vollen 10 GE für die Aktien, da das Dividendenbezugsrecht bereits geltend gemacht wurde, sondern nur 9 GE (10 GE abzüglich der 1 GE Dividende).

LV geht seiner Verpflichtung aus dem Leerverkauf nach und liefert daraufhin LK die Aktien. Da LK jedoch Aktien mit Dividendenbezugsrecht (Cum-Dividende) gekauft hatte und nicht Ex-Dividende, zahlt der LV dem LK die Nettodividende (0,75 GE). Für die 0,25 GE Kapitalertragssteuer lässt sich der LK wiederum von seiner Depotbank einen Steuerbescheid ausstellen, mit Hilfe dessen sich LK ebenfalls die 0,25 GE auf seine Einkommenssteuererklärung zumindest anrechnen lassen kann.

Abschließend verkauft LK die Aktien wieder an A für die Ausgangssumme Ex-Dividende (9 GE). Auf den ersten Blick scheint zwar wieder die Ausgangslage hergestellt zu sein. Allerdings haben nun sowohl A als auch LK einen Steuerbescheid hinsichtlich der Geltendmachung der Kapitalertragssteuer. Die Summe aus dem zweiten zusätzlichen Steuerbescheid (0,25 GE) kann dann zwischen den Parteien aufgeteilt werden.[143]

---

[143] Zum Ablauf eines Cum/Ex-Geschäftes in der hier dargestellten Weise vgl. nur: *Asmus/Werneburg*, DStR 2018, S. 1527 f.; *Eisgruber/Spengel*, DStR 2015, S. 786; *Florstedt*, NZG

Nachdem nun die Funktionsweise eines Cum/Ex-Geschäftes dargelegt wurde, stellt sich die Frage, ob solch ein Geschäft zum Zeitpunkt der Durchführung legal war. Konkret durchgeführt wurden solche Cum/Ex-Geschäfte zwischen 2002 und 2012.[144] Sollte die Rechtslage in Bezug auf Cum/Ex-Geschäfte in diesem Zeitraum eindeutig und unmissverständlich sein, ist die Rechtslage klar und die Legalität der Cum/Ex-Geschäfte durch gutachterliche Prüfung der entsprechenden Norm zu bestätigen bzw. zu verneinen.

Bei unklarer, nicht bestimmbarer Rechtslage jedoch kann eine gutachterliche Prüfung nicht erfolgen, die Rechtmäßigkeit der Cum/Ex-Geschäfte würde dann fraglich bleiben. Für unklare Rechtslagen gibt es verschiedene Ursachen. Ein Grund ist der Zweifel an der rechtlichen Zulässigkeit der beabsichtigten Handlung (z.B. ein neues bzw. verändertes Gesetz/Rechtsprechung fehlt oder ist widersprüchlich). Alternativ könnte die beabsichtigte Handlung zwar zulässig, aber die rechtlichen Auswirkungen der Reaktionen der Gegenpartei unklar sein. Abschließend ist auch die Konstellation möglich, dass die Rechtsnorm selbst unbestimmte Rechtsbegriffe aufweist, die weder von der Rechtsprechung, noch vom Gesetzgeber oder der Literatur abschließend definiert wurden.[145] Allgemein lässt sich daher sagen, dass es sich bei einer unklaren Rechtslage um eine Situation handelt, in der nicht abschließend gesagt werden kann, was die rechtlichen Voraussetzungen bzw. die rechtlichen und wirtschaftlichen Folgen einer Handlung sind.[146]

Um jedoch die Cum/Ex-Geschäfte vollständig in den rechtlichen Kontext einordnen zu können, muss im Folgenden genauer analysiert werden, wie in der Praxis die unklare Rechtslage festzustellen und zu behandeln ist.

2017, S. 603; *Klein*, BB 2013, S. 1054; *Kleutgens*, FR 2018, S. 774 f.; *Knauer/Schomburg*, NStZ 2019, S. 305 f; *Knigge/Wittig*, ZWH 2019, S. 37 f.; *Schön*, RdF 2015, S. 115 ff.

[144] *Eisgruber/Spengel*, DStR 2015, S. 785; *Florstedt*, NZG 2017, S. 601; *Kleutgens*, FR 2018, S. 775.

[145] *Brock*, Legalitätsprinzip und Nützlichkeitserwägungen, S.188; *Buck-Heeb*, BB 2013, S. 2249; *Decker*, GmbHR 2014, S. 78; *Ebbinghaus/Hasselbach*, AG 2014, S. 874; MHLS/*Ziemons*, § 43 Rn. 70; *Thole*, ZHR (173) 2009, S. 521.

[146] *Brock*, Legalitätsprinzip und Nützlichkeitserwägungen, S.188; *Buck-Heeb*, BB 2013, S. 2249; *Ebbinghaus/Hasselbach*, AG 2014, S. 874; MHLS/*Ziemons*, § 43 Rn. 70.

2. Feststellung einer unklaren Rechtslage

Die Beurteilung, ob eine unklare Rechtslage in der Praxis vorliegt, kann bereits in der jeweiligen Situation schwerfallen. Zwar wird diese Problematik kurz von *Buck-Heeb* behandelt, allerdings wird dabei ein konkretes Handeln nicht klar.[147] Es wird nur erkannt, dass es im konkreten Fall problematisch sein kann. Daneben wird festgestellt, dass ein aufsichtsbehördliches Handeln bzw. Vorgaben, solange keine konkreten Anhaltspunkte für eine offensichtliche Fehleinschätzung fehlen, die Bestätigung einer unklaren Rechtslage ausschließt.[148] Das bedeutet, dass auf ein aufsichtsbehördliches Handeln genauso Verlass ist, wie auf eine klare Rechtslage. Ansonsten liefert auch die Literatur keinen vollständigen Ansatz dafür, wie in der Praxis eine unklare Rechtslage festzustellen ist.[149]

Zieht man zum einen den Grundgedanken der Art und Weise, wie eine unklare Rechtslage zu behandeln ist und zum anderen die Sorgfaltspflicht eines Organträgers heran, so lässt sich ungeachtet dessen auf der Grundlage der aktuellen Literatur eine Vorgehensweise für die Feststellung einer unklaren Rechtslage identifizieren.

Grundsätzlich sollte dabei zwischen einer objektiv und einer subjektiv unklaren Rechtslage differenziert werden. Sollte die Rechtslage objektiv so eindeutig sein, dass ein Organträger unter Beachtung seiner allgemeinen Sorgfaltspflicht, den persönlichen Kenntnissen und seinem Fachwissen von der Rechtmäßigkeit der Handlung ausgehen durfte, liegt prinzipiell keine unklare Rechtslage vor. Kann diese Annahme jedoch nicht getroffen werden, so muss sich der Organträger, genau wie bei der späteren Prüfung der unklaren Rechtslage, Rechtsrat einholen. Ebenso muss der Organträger Rechtsrat einholen, wenn es ihm an den persönlichen Kenntnissen und Fachwissen mangelt, unabhängig davon, ob eine unklare Rechtslage objektiv vorliegt. Ansonsten wäre eine Verletzung der allgemeinen Sorgfaltspflicht anzunehmen. Bei der Einholung des Rechtsrats sollten dann die

---

[147] *Buck-Heeb*, BB 2013, S. 2249.
[148] *Buck-Heeb*, BB 2013, S. 2249.
[149] vgl. nur *Ebbinghaus/Hasselbach*, AG 2014, S. 874; *Fleischer*, NZG 2010, S. 122 f.; GK AktG/*Hopt/Roth*, § 93 Rn. 139; Hölters/*Hölters*, § 93 Rn. 76; *Holle*, AG 2016, S. 279 f.; MHLS/*Ziemons*, § 43 Rn. 70 f.; MüKoGmbHG/*Fleischer*, § 43 Rn. 36 ff.; Spindler/Stilz/*Fleischer*, § 93 Rn. 29 ff.

gleichen Anforderungen und Prüfungsschritte gelten wie bei der Rechtsvergewisserungspflicht hinsichtlich der unklaren Rechtslage.

3. Rechtsvergewisserungspflicht

Ist eine unklare Rechtslage bestätigt worden, trifft den Organträger die Pflicht zur Rechtsvergewisserung. Der Organträger ist also derjenige, der für die allgemeine Einholung des Rechtsrats verantwortlich ist. Es müssen die rechtlichen Zusammenhänge und zweifelhafte Prüfungspunkte bzw. Fragen durch unabhängige und fachkundige Experten geprüft werden. Ob die rechtliche Prüfung von internen oder externen Experten durchgeführt wird, ist nebensächlich.[150] Die Einholung des Expertenrates selbst führt allerdings nicht schon zur Enthaftung des Organträgers. Vielmehr muss gemäß der ISION-Entscheidung des BGH der Organträger sich *„unter umfassender Darstellung der Verhältnisse der Gesellschaft und Offenlegung der erforderlichen Unterlagen von einem unabhängigen, für die zu klärende Frage fachlich qualifizierten Berufsträger beraten lassen und die erteilte Rechtsauskunft einer sorgfältigen Plausibilitätskontrolle unterziehen."*[151] Ein fachlich qualifizierter Berufsträger ist zu bejahen, wenn es sich um eine qualifizierte und inhaltlich bzw. thematisch weitreichende interne Rechtsabteilung oder einen externen Fach- bzw. Rechtsanwalt handelt. Auch auf eine thematisch entsprechende Aufsichtsbehörde kann sich ein Organträger in der Regel verlassen.[152]

Zudem muss der Experte unabhängig sein. Dies ist zu bestätigen, wenn der Berufsträger den Rechtsrat unbeeinflusst von unmittelbaren oder mittelbaren Vorgaben erteilen kann.[153] Vor der Erteilung des Rechtsrats ist der Organträger jedoch angehalten, alle für die Erteilung des Rates erforderlichen Informationen in einer objektiven Art und Weise zu erteilen, sodass der Experte selbst objektiv einen

---

[150] *Brock*, Legalitätsprinzip und Nützlichkeitserwägungen, S. 201; *Fleischer*, NZG 2010, S. 122; GK AktG/*Hopt/Roth*, § 93 Rn. 139; Hölters/*Hölters*, § 93 Rn. 76; MHLS/*Ziemons*, § 43 Rn. 71; MüKoGmbHG/*Fleischer*, § 43 Rn. 278; Spindler/Stilz/*Fleischer*, § 93 Rn. 29.
[151] *BGH*, NZG 2011, S. 1272 f.; *BGH*, NZG 2015, S. 794 f.
[152] *Biederbick/Junker*, AG 2012, S. 900 ff.; *Binder*, ZGR 2012, S. 770 ff.; GK AktG/*Hopt/Roth*, § 93 Rn. 139; *Goette*, ZHR (176) 2012, S. 602; Hüffer/Koch/*Koch*, § 93 Rn. 45.
[153] *Biederbick/Junker*, AG 2012, S. 900 ff.; *Decker*, GmbHR 2014, S. 72 f.; *Graewe/von Harder*, BB 2017, S. 707 f.; *Merkt/Mylich*, NZG 2012, S. 528; *Peters*, AG 2010, S. 817; *Werner*, StBW 2012, S. 619.

Rechtsrat erteilen kann. Gefälligkeitsgutachten führen dabei nicht zur Enthaftung.[154]

Der Organträger kann sich jedoch nicht endgültig auf den Expertenrat verlassen. Vielmehr trifft den Organträger gemäß der ISION-Entscheidung die Pflicht, eine eigene und den Umständen angemessene Plausibilitätskontrolle hinsichtlich des Rates durchzuführen. Gefordert ist hier eine Überprüfung auf Unvollständigkeit und möglichen Fehlern aus einer Laienspähre, um Gefälligkeitsgutachten und untaugliche Auskünfte ausschließen zu können. Untauglich ist eine Auskunft auch dann, wenn Fragen unbeantwortet geblieben sind. Dies gilt es schließlich im Rahmen der Plausibilitätskontrolle zu erkennen und schließen zu lassen.[155] Sollte die zu treffende Entscheidung bzw. Handlung eine äußerst bedeutende wirtschaftliche Rolle einnehmen, so kann die Einholung eines Expertenrates nicht ausreichend sein. Dann bedarf es nach dem Vier-Augen-Prinzip zusätzlich einen zweiten Expertenrat, um zum einen den ersten Expertenrat zu beurteilen und um zum anderen einen gegebenenfalls eigenen Standpunkt zu entwickeln.

Umgekehrt kann eine Entscheidung von äußerst geringer wirtschaftlicher Relevanz oder hoher Eilbedürftigkeit durch einen Expertenrat bewertet werden, indem nur eine vereinfachte Rechtsprüfung durchgeführt wird.[156]

Wie im Einzelfall zu entscheiden ist, ergibt sich aus der Rechts-vergewisserungspflicht und liegt damit vollständig im Verantwortungsbereich des Organträgers.

4. „odds' opinion"

Sollte nach der Rechtsvergewisserung des Organträgers durch Einholung eines Expertenrates die Rechtslage unklar bleiben, liegt eine rechtliche Inhaltslücke vor, die man auch „*odds' opinion*" nennt.[157] Zu einer odds' opinion wurde bisher kein

---

[154] *Biederbick/Junker*, AG 2012, S. 899 f.; GK AktG/*Hopt/Roth*, § 93 Rn. 139; *Graewe/von Harder*, BB 2017, S. 708; *Peters*, AG 2010, S. 816.

[155] *Biederbick/Junker*, AG 2012, S. 905; *Florstedt*, NZG 2017, S. 607; GK AktG/*Hopt/Roth*, § 93 Rn. 139; *Graewe/von Harder*, BB 2017, S. 709; *Merkt/Mylich*, NZG 2012, S. 529; *Peters*, AG 2010, S. 815 f.

[156] *Biederbick/Junker*, AG 2012, S. 899; *Fleischer*, BB 2008, S. 1071; MüKoGmbHG/*Fleischer*, § 43 Rn. 36; Spindler/Stilz/*Fleischer*, § 93 Rn. 29.

[157] *Florstedt*, NZG 2018, S. 491; MüKoGmbHG/*Fleischer*, § 43 Rn. 37; Spindler/Stilz/*Fleischer*, § 93 Rn. 30.

einheitlicher Lösungsansatz in der Literatur oder Rechtsprechung entwickelt, der auch allgemein anerkannt wird. Problematisch daran ist, dass eine Haftungsprivilegierung der Organträger nicht allein deswegen eintritt, weil sich der Organträger einen Rechtsrat eingeholt hat, dieser eine unklare Rechtslage bestätigt und daraufhin der Organträger eine Entscheidung getroffen hat.[158] Aus der rechtlichen Inhaltslücke und dem Zwang des Organträgers, unter Umständen eine Entscheidung treffen zu müssen, ergibt sich ein Handlungsdilemma, welches es zu lösen gilt.

In der Literatur gibt es dazu bereits Lösungsansätze. Aus diesem Grund sollen im weiteren Verlauf die wesentlichen, in der Literatur verbreiteten Lösungsansätze bei einer odds' opinion, die zu einer Haftungsprivilegierung des Organträgers führen sollen, vorgestellt und kurz bewertet werden.

a) strikte Legalitätspflicht

Ein technisch einfacher Lösungsansatz wäre, die Legalitätspflicht auf die unklaren Rechtslagen auszuweiten.[159] Dann müssten nicht nur Rechtsverstöße jeglicher Art vermieden werden, sondern auch das mögliche, aber alles in allem äußerst unwahrscheinliche Risiko einer unternehmerischen Entscheidung in den Tatbestand der Legalitätspflicht aufgenommen werden, um eine Pflichtverletzung der Organträger zu vermeiden. Eine Durchbrechung der Legalitätspflicht bei unklarer Rechtslage durch Erteilung eines Handlungsspielraums wäre dann nicht möglich.

Dies würde allerdings einerseits den Maßstäben eines ordnungsgemäßen kaufmännischen Handelns widersprechen, wonach ein Rechtsverstoß als eine mögliche, aber überwiegend nicht wahrscheinliche Konsequenz des unternehmerischen Handelns in Kauf genommen werden darf (Stichwort: Ermessensspielraum). Andererseits wäre hierin ein Widerspruch zu den restlichen Theorien erkennbar. Gleichzeitig wäre die strikte Bindung an die Legalitätspflicht praxisfern. Ein unternehmerisches Handeln müsste dann in jedem Fall unterlassen

---

[158] *BGH*, ZIP 2010, S. 1335; hinsichtlich der Heranziehung bei odds' opinion siehe: *Buck-Heeb*, BB 2013, S. 2249 f.; *Florstedt*, NZG 2018, S. 491.
[159] vgl. nur *Bicker*, AG 2012, S. 543; *Bicker*, AG 2014, S. 8; *Ebbinghaus/Hasselbach*, AG 2014, S. 876 f.

werden, wenn dadurch auch nur die geringe Wahrscheinlichkeit einer Pflichtverletzung bestehen würde. Dies müsste auch gelten, wenn mittels einer Pflichtverletzung in beispielsweise der Form einer Ordnungswidrigkeit ein wirtschaftlich großer Schaden vermieden werden kann.[160] Führt man diesen Ansatz weiter, kommt man zu dem Ergebnis, dass Entscheidungen bei unklarer Rechtslage in der Praxis ausblieben, weil für die Organträger kein Anreiz geschaffen wird, der eine Entscheidung des Organträgers motiviert. Vielmehr würde der Organträger dazu aufgefordert werden, gar keine Entscheidung zu treffen, wenn die Wahrscheinlichkeit bestehen würde, dass die Entscheidung illegal ist.

Aus den genannten Gründen erscheint eine strikte Anwendung der Legalitätspflicht im Rahmen der Entscheidungsfindung bei unklarer Rechtslage vorerst zweifelhaft.

b) Risikotheorie

Eine klare Absage an die strikte Anwendung der Legalitätspflicht ist die Risikotheorie, die dem Organträger objektiv einen unbeschränkten Handlungs-freiraum zur Verfügung stellen möchte. Als faktische Einschränkung des Handlungsspielraums wird versucht, ähnlich wie bei der Außenhaftung bzw. der Theorie zur organschaftlichen Erfolgshaftung, den Organträger wegen falscher Rechtsansichten unbeschränkt haftbar zu machen, selbst wenn vorher eine fundierte Rechtsansicht entwickelt wurde.[161] Dadurch könnte eine abschließende Haftungskette bei unklaren Rechtslagen garantiert werden.[162] Dieser Ansatz hat seinen Ursprung in einer Entscheidung des BGH. Darin stellte der BGH fest, dass bei einem Rechtsirrtum im Rahmen einer unklaren Rechtslage wegen einer gegenteiligen Entscheidung eines Gerichtes die Gesellschaft sich nicht auf einen Verbotsirrtum beruhen kann, da die Gesellschaft bei Anwendung der im Verkehr erforderlichen Sorgfalt mit einer gegenteiligen Entscheidung der Gerichte rechnen musste, weil die Rechtslage von Anfang an unklar war.[163]

An dieser Theorie erscheint problematisch, dass das Modell der Erfolgshaftung der Organträger bereits vom Gesetzgeber durch die Kodifizierung der Business

---

[160] *Ebbinghaus/Hasselbach*, AG 2014, S. 876 f.
[161] *Buck-Heeb*, BB 2013, S. 2250; *Graewe/von Harder*, BB 2017, S. 710.
[162] *Buck-Heeb*, BB 2013, S. 2250; *Graewe/von Harder*, BB 2017, S. 710.
[163] BGH, NJW 2014, S. 2720. Vorinstanzlich in: *LG Bochum*, Urteil v. 15.03.2013 Az. I-10 S 67/12.

Judgement Rule explizit abgelehnt wurde.[164] Ein erhöhtes persönliches Risiko der Organträger ist laut *Buck-Heeb* deswegen nicht zu rechtfertigen, weil der Begünstigte im Falle eines positiven Ausgangs auch nicht der Organträger, sondern die Gesellschaft selbst sei. Deswegen müsse auch der Benachteiligte nicht der Organträger, sondern die Gesellschaft selbst sein. Eine Haftungsübernahme könne freilich nur dann erfolgen, wenn der Organträger seinen organschaftlichen Pflichtenmaßstab aus § 93 AktG einhält.[165] Die sich daraus ergebende Sorgfaltspflicht bleibt jedoch bei einer odds' opinion gerade unklar, wodurch man wieder zur Eingangsproblematik gelangt. Die Argumentation ist zirkulär, ein Lösungsansatz ist daher auf den ersten Blick nicht erkennbar.

c) Vertretbarkeitstheorie

Eine mögliche Kompromisslösung zwischen der Risikotheorie und der strikten Legalitätspflicht ist die Vertretbarkeitstheorie, die von der h.M. am häufigsten und einschlägigsten ausgeführte Theorie zum Umgang mit unklaren Rechtslagen.

Nach dieser Theorie wird ein Beurteilungsspielraum zugestanden, innerhalb dessen der handelnde Organträger diejenige Handlungsoption wählen muss, die sich wirtschaftlich am besten auswirkt und gleichzeitig rechtlich vertretbar ist.[166] Vertretbar ist laut *Langenbucher* jede Handlungsoption die „gerade noch geht",[167] also wenn nicht mit großer Wahrscheinlichkeit eine abweichende gerichtliche Entscheidung getroffen wird.[168] Die Grenze der Vertretbarkeit einer Handlungsoption ist folglich sehr weit zu fassen. Der Grundgedanke für diese tiefe Schwelle ist der Tatsache geschuldet, dass der Organträger die Möglichkeit haben soll, vertretbare gegenteilige Gründe bzw. Argumente der allgemein geltenden Rechtsansicht entgegenhalten zu können und die Betrachtung einer unklaren

---

[164] Begr. RegE UMAG, BT-Drucks. 15/5092, S. 12. Ebenso erkennbar in: BeckOK GmbHG/*Ziemons/Pöschke*, § 43 Rn. 104; *Falkenhausen*, NZG 2012, S. 646 f.; *Fritz*, NZA 2017, S. 676; GK AktG/*Hopt/Roth*, § 93 Rn. 31; Henssler/Strohn/*Dauner-Lieb*, § 93 AktG Rn. 29; *Paefgen*, AG 2004, S. 247 f.; *Schütz*, NZG 2005, S. 5.
[165] *Buck-Heeb*, BB 2013, S. 2250. Ebenso: *Ebbinghaus/Hasselbach*, AG 2014, S. 878; *Graewe/von Harder*, BB 2017, S. 710; OLG München, Urteil v. 27.02.2012 Az. 17 U 3889/11.
[166] vgl. nur *Brock*, Legalitätsprinzip und Nützlichkeitserwägungen, S. 205; *Buck-Heeb*, BB 2013, S. 2250; *Graewe/von Harder*, BB 2017, S. 710; *Langenbucher*, ZBB 2013, S. 22; Spindler/Stilz/*Fleischer*, § 93 Rn. 30; *Thole*, ZHR (173) 2009, S. 522.
[167] *Langenbucher*, ZBB 2013, S. 22.
[168] *Brock*, Legalitätsprinzip und Nützlichkeitserwägungen, S. 205; *Graewe/von Harder*, BB 2017, S. 710; *Thole*, ZHR (173) 2009, S. 522.

Rechtslage aus einer *ex-ante* Sicht oft schwerfällt.[169] Denn der Ausgang einer gerichtlichen Entscheidung ist eine subjektive ungebundene Entscheidung des erkennenden Spruchkörpers.

Gleichzeitig ergibt sich aus der tiefen Schwelle, dass in der Situation der Entscheidungsfindung in der Regel Einschätzungsalternativen existieren müssten. Parallelen zu der unternehmerischen Entscheidung im Rahmen der Business Judgement Rule werden erkennbar, da diese genauso Alternativen voraussetzt[170].

Auch wenn die h.M. in der Lösung einer unklaren Rechtslage die unmittelbare Anwendbarkeit der Business Judgement Rule verneint, weil es sich bei juristischen Fragestellungen im Sinne einer unklaren Rechtslage immer um eine rechtlich gebundene Entscheidung handelt und diese nicht in das Tatbestandsmerkmal der unternehmerischen Entscheidung fällt, könnte die Business Judgement Rule hier zumindest als Anknüpfungspunkt dienen.[171] Der Grund dafür ist, dass es aus Sicht des Organträgers unerheblich ist, ob er eine mit wirtschaftlichen (Business Judgement) oder eine mit rechtlichen Risiken (Legal Judgement) verbundene unternehmerische Entscheidung treffen muss. Denn letztendlich folgt auf die Entscheidung ein Risiko, welches getragen werden muss.[172] Wenn faktisch in der Art der Entscheidung kein erheblicher Unterschied zwischen wirtschaftlich und rechtlich orientierten Entscheidungen vorliegt, sollte der Prozessablauf zur Entscheidungsfindung selbst zumindest überwiegend gleich sein. Wenn man daher den Kerngedanke des Entscheidungsprozesses der unternehmerischen Entscheidung auf den Entscheidungsprozess bei unklarer Rechtslage überträgt, muss der Organträger nach Abwägung der bestehenden Risiken gegen die möglichen wirtschaftlichen Vorteile, unter Beachtung der Sorgfaltspflicht (also Entscheidung auf Grundlage angemessener Informationen) nicht die rechtlich sicherste, sondern die potentiell vorteilhafteste Alternative bzw. die Alternative, die

---

[169] *Thole*, ZHR (173) 2009, S. 522.
[170] vgl. hierzu S. 24. Ausführungen zur unternehmerischen Entscheidung: *Brock*, Legalitätsprinzip und Nützlichkeitserwägungen, S. 38; GK AktG/*Hopt/Roth*, § 93 Rn. 80; Henssler/Strohn/*Dauner-Lieb*, § 93 AktG Rn. 21; Henssler/Strohn/*Oetker*, § 43 GmbHG Rn. 27 f.; Hölters/*Hölters*, § 93 Rn. 30; Hüffer/Koch/*Koch*, § 93 Rn. 16; MHLS/*Ziemons*, § 43 Rn. 137 f.; MüKoAktG/*Spindler*, § 93 Rn. 48.
[171] *Buck-Heeb*, BB 2013, S. 2250; *Graewe/von Harder*, BB 2017, S. 710 f.; *Langenbucher*, ZBB 2013, S. 22; *Thole*, ZHR (173) 2009, S. 522 f.
[172] *Thole*, ZHR (173) 2009, S. 523.

am besten dem Wohle der Gesellschaft entspricht, wählen. Die Einhaltung dieser Kriterien führt dann zur Haftungsprivilegierung des Organträgers.[173]

An den prozessualen Voraussetzungen und der Evaluation der Business Judgement Rule anknüpfend, könnte faktisch eine Legal Judgement Rule neu konzeptioniert werden, die den Organträger durch Ablauf eines bestimmten Prozesses in Situationen unklarer Rechtslagen zur persönlichen Enthaftung führt[174].

Problematisch an der Vertretbarkeitstheorie ist, dass die (analoge) Anwendung der Business Judgement Rule verneint wird. Die deswegen folgende Anknüpfung an die Business Judgement Rule ist im Kern zwar nachvollziehbar, allerdings fehlen der Argumentation die Zusammenhänge und Beweise in der Rechtsprechung und dem Gesetz. Vielmehr wird die Anwendung der Business Judgement Rule bei unklaren Rechtslagen allgemein abgelehnt.[175] Dogmatisch steht das dann aber im Widerspruch zur Anknüpfung an die Tatbestandsmerkmale der Business Judgement Rule. Abgesehen davon stellt eine reine Anknüpfung noch keine Rechtsgrundlage dar, weshalb eine Rechtsgrundlage der Vertretbarkeitstheorie bisher nicht erkennbar ist.

Ein weiteres Hindernis der Vertretbarkeitstheorie ist die sehr flach angesetzte Vertretbarkeitsschwelle. Denn im Zweifel wäre selbst bei gegenteiligen Gerichtsentscheidungen zugunsten des Entscheidungsträgers bzw. des Organträgers zu entscheiden. Nur bei fast schon vorsätzlichen Ausnutzens (zumindest grober Fahrlässigkeit) der Vertretbarkeitsschwelle wäre ein Fehlverhalten zu bejahen. Zudem ist es schwierig, eine allgemeine Vertretbarkeitsschwelle zu verteidigen, wenn gleichzeitig die Anforderung an den Organträger gestellt wird, die zu treffende Entscheidung immer in Abhängigkeit der Relevanz und den (wirtschaftlichen) Konsequenzen der Entscheidung zu treffen. Hierin liegt ebenfalls ein dogmatischer Widerspruch.

---

[173] *Bicker*, AG 2014, S. 10 f.; GK AktG/*Hopt/Roth*, § 93 Rn. 140; *Graewe/von Harder*, BB 2017, S. 710 f.; Spindler/Stilz/*Fleischer*, § 93 Rn. 30; *Thole*, ZHR (173) 2009, S. 523.
[174] Zur Herleitung einer Legal Judgement Rule siehe S. 77 ff. (v.A. S. 79).
[175] *Buck-Heeb*, BB 2013, S. 2250; *Graewe/von Harder*, BB 2017, S. 710 f.; *Langenbucher*, ZBB 2013, S. 22; *Thole*, ZHR (173) 2009, S. 522 f. Teilweise wird die Ablehnung der Anwendbarkeit der Business Judgement Rule aus der dazugehörigen Gesetzesbegründung abgeleitet. Dazu siehe: Begr. RegE UMAG, BT-Drucks. 15/5092, S. 12.

Dieser Widerspruch ist allerdings zu beheben, indem eine von der Literatur auch bereits entwickelte[176], bewegliche Schranke etabliert wird. Die Vertretbarkeitsschwelle soll sich danach aus der Abhängigkeit der Rechtslage, also herrschende Literatur und Rechtsprechung, ergeben. Umso klarer und eindeutiger die Rechtslage in der Literatur ist und umso mehr höhere Gerichtsinstanzen diese Ansichten der Rechtslage bestätigen, desto höher soll auch die Vertretbarkeitsschwelle liegen.[177] Das bedeutet im Umkehrschluss, dass bei einer noch völlig unklaren Rechtslage in der Literatur und Rechtsprechung die Vertretbarkeitsschwelle tatsächlich äußerst gering ist. Der Organträger kann dann durch eine fundierte Recherche diese Unklarheit und die rechtlichen Optionen feststellen und darauf basierend eine Entscheidung nach dem oben genannten Prozess treffen.[178] Insofern stellt sich nur die Frage, inwiefern die Problematik hinsichtlich der Rechtsgrundlage zu lösen ist.

d) Optimierungstheorie

Eine Weiterentwicklung der Vertretbarkeitstheorie stellt die Optimierungstheorie dar, die im Wesentlichen eine Verschärfung der Kriterien hinsichtlich der zu treffenden Entscheidung fordert. Gegenwärtig nur für die bankenaufsichtsrechtlichen Bestimmungen entwickelt, ist unklar, inwiefern diese Weiterentwicklung auch außerhalb des Aufsichtsrechts gelten soll.[179] Danach muss der Organträger nicht nur eine Handlungsalternative wählen, die generell nur durch eine vertretbare Rechtsansicht bestätigt wird, um die Haftungsprivilegierung zu genießen, sondern objektiv sogar die am besten vertretbare Rechtsansicht. Um die beste vertretbare Rechtsansicht bestimmen zu können, muss der Organträger alle ihm möglichen Anstrengungen unternehmen. Sollte danach immer noch unklar sein, welche die am besten vertretbare Rechtsansicht ist, weil es mehrere gleichgute Alternativen gibt, muss eine der gleichguten Handlungsalternativen gewählt werden. An dieser Stelle hat der Organträger dann einen Ermessensspielraum, welche Handlung er bevorzugt.[180] Die Verschärfung hinsichtlich der Kriterien zur

---

[176] *Buck-Heeb*, BB 2013, S. 2251; *Thole*, ZHR (173) 2009, S. 524 f.
[177] *Buck-Heeb*, BB 2013, S. 2251; *Thole*, ZHR (173) 2009, S. 524 f.
[178] *Thole*, ZHR (173) 2009, S. 524 f.
[179] *Buck-Heeb*, BB 2013, S. 2250 f.; *Langenbucher*, ZBB 2013, S. 22.
[180] *Brock*, Legalitätsprinzip und Nützlichkeitserwägungen, S. 206; *Buck-Heeb*, BB 2013, S. 2250 f.; *Graewe/von Harder*, BB 2017, S. 710; *Langenbucher*, ZBB 2013, S. 21 f.; Spindler/Stilz/*Fleischer*, § 93 Rn. 30.

Entscheidungsfindung bedeutet gleichzeitig auch eine Verschärfung der Haftungsvoraussetzungen. Laut *Langenbucher* handelt der Organträger erst dann sorgfaltsgemäß und innerhalb der Haftungsprivilegierung, wenn er aus allen rechtlich vertretbaren Handlungsalternativen diejenige gewählt hat, die gegenüber den restlichen Handlungsalternativen die rechtlich am besten vertretbare Variante darstellt.[181]

Die Optimierungstheorie beinhaltet zwei wesentliche Probleme. Zum einen ist eine Formulierung wie „am besten" nur schwer objektiv bestimmbar und stellt sowohl die Praxis als auch die Literatur vor neue Auslegungsschwierigkeiten, da keine abschließende Definition festzuhalten ist. Zum anderen steht die Optimierungstheorie im Widerspruch zu den (wirtschaftlichen) Interessen eines Unternehmens. Denn ein wesentlicher Grundsatz, der ebenfalls in der Zinsberechnung Fuß fasst, ist, dass ein Unternehmen erst durch das Eingehen eines begrenzten zukunftsorientierten Risikos finanzielle Gewinne erzielt. Dieser Grundsatz ist ebenfalls im Finanz- bzw. Wertpapiermarkt von Relevanz. Hier gilt zudem das Prinzip, dass das Eingehen eines höheren Risikos auch mit einer höheren Rendite verbunden ist.[182] Daher sollte es in der Praxis auch bevorzugt werden, ein gewisses Risiko einzugehen (und nicht kategorisch das geringste), sofern die in Aussicht stehenden Gewinne im Verhältnis zum Risiko (im Sinne von drohenden Kosten und anderen Strafen) stehen.[183]

Unabhängig davon, ob die Optimierungstheorie auch außerhalb des Aufsichtsrechts Anwendung finden sollte, wird diese nachfolgend aufgrund der schweren Praktikabilität und dem Widerspruch zum allgemeinen Unternehmensinteresse abgelehnt und findet daher auch keine Beachtung in der Auslegung der Legalitätspflicht.

e) Zwischenfazit

Ein einheitliches System zur Lösung der Problematik bei Entscheidungen unter unklaren Rechtslagen ist weder in der Literatur noch in der Rechtsprechung zu

---

[181] *Langenbucher*, ZBB 2013, S. 22 f.
[182] *Wöhe/Döring*, Einführung in die Allgemeine Betriebswirtschaftslehre, S. 525 f.
[183] *Brock*, Legalitätsprinzip und Nützlichkeitserwägungen, S. 207; *Graewe/von Harder*, BB 2017, S. 710.

finden.[184] Jedoch sind sowohl die strikte Legalitätspflicht als auch die Risikotheorie aufgrund ihren drastischen Ansätzen und Herangehensweisen sowohl praxisfern als auch argumentativ nicht schlüssig. Ungeachtet dessen sind bei der Entwicklung eines Systems die Ausprägung der Rechtsunsicherheit, die allgemeinen mit der unklaren Rechtslage verbundenen Risiken, die gegenüberstehenden potentiellen wirtschaftlichen Vorteile und die generelle Einhaltung der Sorgfaltspflicht zu beachten. Daher spricht gegenwärtig viel für die Vertretbarkeitstheorie mit einer beweglichen Schranke, obwohl auch hier Gründe gegen die Einführung als einheitliches Konzept vorliegen.

5. Handeln im Grenzbereich

Bisher wurde im Rahmen der odds' opinion grundsätzlich davon ausgegangen, dass es Handlungsalternativen des Organträgers gibt, bei denen man nach sorgfältiger Abwägung bzw. Abschätzung davon ausgehen kann, dass sie sich im Bereich der Legalität befinden. Nun stellt sich jedoch die Frage, ob es auch zu einer Haftungsprivilegierung kommen kann, wenn zwar eine odds' opinion vorliegt, diese auch sorgfältig untersucht und abgeschätzt wurde, aber darauf basierend in jedem Fall bewusst eine Handlungsalternative gewählt wird bzw. gewählt werden muss, die sich im Grenzbereich der Legalität befindet.

Dabei problematisch ist, dass bisher weder Rechtsprechung noch Literatur bei einer odds' opinion einen kongruenten Ansatz zur Lösung einer allgemeinen unklaren Rechtslage entwickelt haben. Auch wenn bis dato die Haftungsprivilegierung bei einer Handlung im Grenzbereich in der Literatur grundsätzlich verneint wird,[185] ist es schwierig, hier eine abschließende Antwort hinsichtlich der Rechtslage zu geben.

Dem ungeachtet könnte man über die Frage der Exkulpation bei einer Handlung im Grenzbereich durch Heranziehen des Tatbestandes eines Verbotsirrtums lösen. Denn sollte sich der Organträger bei der jeweiligen Handlung bzw. Entscheidung in einem Verbotsirrtum befinden, könnte eine Exkulpation bejaht werden. Die Rechtsprechung des BGH gibt hierzu weitere Auskunft, wonach im Falle der

---

[184] vgl. nur MüKoGmbHG/*Fleischer*, § 43 Rn. 37; Spindler/Stilz/*Fleischer*, § 93 Rn. 31. Die Schwierigkeit hinsichtlich unklaren Rechtslagen ist auch außerhalb des Aktienrechts erkennbar. So unter anderem: BeckOK BGB/*Lorenz*, § 276 Rn. 30; MüKoBGB/*Grundmann*, § 276 Rn. 74; Palandt/*Grüneberg*, § 276 Rn. 8; 11.
[185] *Florstedt*, NZG 2017, S. 610.

Auslegung eines möglichen Verbotsirrtums vorausgesetzt wird, dass „*[...] der Täter alle seine geistigen Erkenntniskräfte [einsetzt] und etwa aufkommende Zweifel [...] durch Einholung [eines] verlässlichen und sachkundigen Rechtsrats beseitigt [...]. [...] [Die] Auskunft selbst muss zudem einen unrechtsverneinenden Inhalt haben.*"[186] Vice versa bedeutet dies, dass eine Handlungsentscheidung, die nicht auf der Basis eines unrechtsverneinenden Rechtsrats getroffen wurde, nicht zur Anwendbarkeit des Verbotsirrtums und damit auch nicht zur Haftungsprivilegierung führt. Da bei einer Handlung im Grenzbereich aber per Definition eben kein unrechtsverneinender, allerhöchstens ein höchstwahrscheinlich unrechtsverneinender Rechtsrat vorliegen kann, ist damit auch eine Haftungsprivilegierung bei Handlungen im Grenzbereich – zumindest durch Heranziehung des Verbotsirrtums – ausgeschlossen. Sollte dann dennoch eine Handlung im Grenzbereich auf Grundlage eines höchstwahrscheinlich unrechtsverneinenden Rechtsrats vorgenommen werden, so wäre objektiv betrachtet, das „billigende in Kaufnehmen" des Risikos erfüllt. Dem Handelnden könnte dann Vorsatz nachgewiesen werden. Der generellen Absage der Literatur an die Haftungsprivilegierung bei Handlungen im Grenzbereich wird sich daher hier angeschlossen.[187]

6. Rückkehr zur Ausgangsfrage und Ergebnis: Legalität und unklare Rechtslage bei Cum/Ex-Geschäften?

Im Folgenden kann die Frage hinsichtlich der Legalität und der unklaren Rechtslage bei Cum/Ex-Geschäften nur kurz angerissen werden und dient abschließend mehr der allgemeinen Information des Lesers.

a) Unklare Rechtslage bei Cum/Ex-Geschäften

Bei der Frage, ob es sich bei den Cum/Ex-Geschäften um eine unklare Rechtslage handelt, ist sowohl auf die zeitliche Komponente als auch auf die tatsächliche Rechtslage abzustellen.

---

[186] *BGH*, NStZ 2017, S. 284. Darauf aufbauend: MAH AktienR /*Ritter/Schüppen*, § 24 Rn. 164.
[187] *Florstedt*, NZG 2017, S. 610. So ähnlich auch: *BGH*, NJW 2002, S. 899; *BGH*, NJW 1998, S. 2145.

Vor dem Jahr 2007 konnte der Gesetzgeber die stets neuen Steuersparmodelle im Transaktionsmarkt nicht mehr bewältigten, was zu einer Fülle an rechtlichen Unklarheiten führte. Mit dem Jahressteuergesetz 2008 versuchte der Gesetzgeber dann der Lage Herr zu werden, indem Dividendenausgleichszahlungen der Dividende gleichgestellt wurden.[188] Allerdings blieben bis ins Jahr 2012 mit der Einführung des Jahressteuergesetzes 2008 rechtliche Unklarheiten durch die Einführung des Zahlstellenprinzips bestehen.[189] Erst seit dem Jahr 2012 ist die Gesetzeslücke endgültig geschlossen worden, indem das Zahlstellenprinzip festlegte, dass nicht wie bisher die Aktiengesellschaft selbst, sondern die Depotführenden Banken verpflichtet wurden die Steuern abzuführen.[190] Zur Vermutung der unklaren Rechtslage wird ebenfalls beigetragen haben, dass sich der Gesetzgeber und die Exekutive selbst nicht über den aktuellen Rechtsstand einig waren, weshalb die doppelte Kapitalertragssteuererstattung billigend in Kauf genommen wurde. Diese Unsicherheit war auch in gerichtlichen Entscheidungen erkennbar. Zwar entschieden die Gerichte gegen eine doppelte Erstattung, allerdings mit unterschiedlichen Begründungen.[191] Dem ist entgegenzuhalten, dass der objektive Tatbestand des § 370 AO a.F. bei einem Cum/Ex-Geschäft bzw. beim Leerkäufer stets erfüllt ist und in den Jahren vor 2007 auch war, wenn dieser eine doppelte Kapitalertragssteuererstattung geltend gemacht hatte.[192] Auch wenn das Verhalten der Behörden und Rechtsprechung nicht schlüssig war und gleichzeitig Gesetzeslücken erkennbar waren, konnten die Beteiligten bei einem Cum/Ex-Geschäft allein schon wegen der Verwirklichung des objektiven Tatbestands des § 370 AO a.F. nicht davon ausgehen, dass es dem Willen des Gesetzgebers entspräche entgegen des Tatbestandes des § 370 AO a.F. eine doppelte Kapitalertragssteuererstattung geltend zu machen.[193] Daraus ergibt sich, dass die Rechtslage zwar in bestimmten Teilfragen unklar bzw. unschlüssig war, *summa summarum* eine unklare Rechtslage aber diesbezüglich nicht zu bejahen ist, da

---

[188] *Knauer/Schomburg*, NStZ 2019, S. 306 f.; *Schnitger*, IStR 2008, S. 126; *Seer/Krumm*, DStR 2013, S. 1761.
[189] *Eisgruber/Spengel*, DStR 2015, S. 785; *Florstedt*, NZG 2017, S. 601; *Jehke/Blank*, DStR 2017, S. 905; *Knauer/Schomburg*, NStZ 2019, S. 307.
[190] *Eisgruber/Spengel*, DStR 2015, S. 785; *Hahne*, AG 2011, S. 503 f.; *Jehke/Blank*, DStR 2017, S. 905.
[191] *Eisgruber/Spengel*, DStR 2015, S. 785; *Klein*, BB 2013, S. 1054; *Seer/Krumm*, DStR 2013, S. 1757.
[192] *Eisgruber/Spengel*, DStR 2015, S. 800.
[193] *Eisgruber/Spengel*, DStR 2015, S. 801.

durch sorgfältige Prüfung der Rechtslage hätte festgestellt werden können, dass ein Bruch der Legalitätspflicht in jedem Fall vorliegt.[194]

b) Legalität bei Cum/Ex-Geschäften

Cum/Ex-Geschäfte sind im Ergebnis rechtswidrig.[195] Auch wenn einige Meinungen in der Literatur davon ausgehen, dass die Legalität zu bestätigen ist[196], fehlt dafür eine überzeugende Begründung. Diesen unbegründeten Aussagen stehen dabei zumindest ab 2007 die Meinungen des FG Hessen[197] und des BFH[198] zum Dividendenstripping, der Regierungsbegründung zum JStG von 2008[199] und die Verwirklichung des objektiven Tatbestandes der Steuerhinterziehung nach § 370 AO a.F. gegenüber.[200] Die Rechtslage war zum Zeitpunkt der Handlung zwar bedingt unklar.[201] Allerdings war die Rechtslage insofern klar, als dass eine absolute Legalität der Cum/Ex-Geschäfte nicht angenommen werden konnte. Hätten die verantwortlichen Organträger eine sorgfältige Abschätzung durchgeführt, wären zumindest ab 2007 die Meinungen des BFH zum Dividendenstripping, die Regierungsbegründungen und die objektive Anwendbarkeit des § 370 AO a.F. stärker in der Argumentation des Rechtsrats aufgetreten. Die argumentative Stütze, dass objektiv eine gesetzliche Lücke festgestellt wurde, reicht für eine Haftungsprivilegierung nicht aus. Eine odds' opinion lag *ex-ante* nicht vor. Man könnte höchstens von einem Handeln im Grenzbereich sprechen. Bisher wird allerdings allgemein davon ausgegangen, dass ein Handeln im Grenzbereich nicht zur Haftungsprivilegierung führen kann. Eine dahingehende Überprüfung bleibt entbehrlich.

---

[194] *Eisgruber/Spengel*, DStR 2015, S. 801.
[195] *Eisgruber/Spengel*, DStR 2015, S. 801; *Florstedt*, NZG 2017, S. 610 f.
[196] *Florstedt*, NZG 2017, S. 604; *Knauer/Schomburg*, NStZ 2019, S. 309; *Podewils*, FR 2013, S. 489 f.
[197] *Hessisches FG*, DStR 2012, S. 2382 ff.
[198] *BFH*, DStR 2014, S. 1229 ff.
[199] Siehe hierzu: Begr. RegE JStG 2008, BT-Drucks. 16/6290, S. 7 ff.
[200] *BFH*, IStR 2008, S. 336 f.; *Eisgruber/Spengel*, DStR 2015, S. 800 f.; *Florstedt*, NZG 2017, S. 605; *Schnitger*, IStR 2008, S. 125 f.
[201] *Florstedt*, NZG 2017, S. 604.

54

II. Auslegung der Legalitätspflicht

Durch die folgende Auslegung sollen, anknüpfend an das Ziel dieser Arbeit, die ausgeführten Theorien zum Umgang mit unklaren Rechtslagen[202] im Kontext der Legalitätspflicht auf ihre Anwendung und Gesetzeskonformität überprüft werden. Ziel ist es herauszufinden, ob die Theorien den Anforderungen der Legalitätspflicht standhalten und damit tatsächliche Lösungsansätze zum Umgang mit unklaren Rechtslagen darstellen.

Um allerdings eine Auslegung der Legalitätspflicht ausführen zu können, muss zuerst eine tatsächliche Kodifizierung der Legalitätspflicht gefunden werden, denn eine Auslegung kann eben nur an einem Gesetz erfolgen.

Eine abschließend eindeutige Meinung bzw. Theorie zum Ursprung des Legalitätsgrundsatzes ist weder in der Literatur noch in der Rechtsprechung zu finden. Sinnvollerweise kann man allerdings das Legalitätsprinzip aus den Grenzen der allgemeinen Handlungsfreiheit eines Jeden gemäß Art. 2 Abs. 1 GG ableiten. Daraus ergibt sich, dass grundsätzlich alles erlaubt ist, was nicht durch Gesetz ausdrücklich verboten wird.[203] Da die Handlungsfreiheit jedoch als ein Grundrecht im Grundgesetz verankert ist, dient sie als Abwehrrecht des Bürgers gegen den Staat, nicht jedoch unter den Bürgern.[204] Letztendlich ist diese Arbeit jedoch im Zivilrecht angelegt. Daher muss ein zivilrechtliches Äquivalent der Handlungsfreiheit und deren Grenzen gefunden werden. Hierzu könnte zum einen § 134 BGB[205] und zum anderen §§ 823 ff. BGB[206] als Stütze dienen. Nach § 134 BGB ist ein Rechtsgeschäft nichtig, wenn es gegen ein gesetzliches Verbot verstößt. Im Umkehrschluss bedeutet das, dass grundsätzlich alle Rechtsgeschäfte erlaubt sind, solange es mit keinem gesetzlichen Verbot bzw. der Legalität kollidiert. Sollte hingegen kein Rechtsgeschäft vorliegen, so regeln die

---

[202] Siehe hierzu: S. 43 ff.
[203] BeckOK GG/*Lang*, Art. 2 Rn. 3; ErfKArbR/*Schmidt*, Art. 2 GG Rn. 1; Maunz/Dürig/*Di Fabio*, Art. 2 Rn. 13.
[204] *Friedrich*, AfP 2018, S. 481; Landmann/Rohmer UmweltR/*Gärditz*, Art. 20a GG Rn. 73; Maunz/Dürig/Di Fabio, Art. 2 Abs. 2 Nr. 2 Rn. 18; *Schröder*, JA 2016, S. 641 f.
[205] BeckOK BGB/*Wendtland*, § 134 Rn. 1; Erman BGB/*Arnold*, § 134 Rn. 1; JauernigBGB/*Mansel*, § 134 Rn. 2; MüKoBGB/*Armbrüster*, § 134 Rn. 2; Palandt/*Ellenberger*, § 134 Rn. 1; StaudingerBGB/*Sack/Seibl*, § 134 Rn. 1.
[206] BeckOK BGB/*Förster*, § 823 Rn. 1; 89; Erman BGB/*Wilhelmi*, § 823 Rn. 3a; JauernigBGB/*Teichmann*, § 823 Rn. 1; MüKoBGB/*Wagner*, Vor § 823 Rn. 1 f.; 73; Palandt/*Sprau*, Einf v § 823 Rn. 1; StaudingerBGB/*Hager*, § 823 E Rn. E 2.

§§ 823 BGB, wann eine Handlung die geschützten Rechtsgüter eines Dritten verletzt.

Die folgende Auslegung der Legalitätspflicht soll daher anhand des § 134 BGB durchgeführt und nur vereinzelt um den § 823 BGB ergänzt werden.

1. Grammatikalische Auslegung

Zunächst ist der § 134 BGB nach dem Wortlaut auszulegen. Dabei soll der mögliche Sinngehalt gedeutet werden, indem die grammatikalische Struktur und die Tatbestandsmerkmale einzeln und zueinander analysiert und verdeutlicht werden.[207]

§ 134 BGB lautet: *„Ein Rechtsgeschäft, das gegen ein gesetzliches Verbot verstößt, ist nichtig, wenn sich nicht aus dem Gesetz ein anderes ergibt."* Aus diesem Satz ergeben sich die wesentlichen Tatbestandsmerkmale „Rechtsgeschäft", „gesetzliches Verbot", „nichtig" „aus dem Gesetz ein anderes".

a) Rechtsgeschäft

Zunächst wird das Wort „Rechtsgeschäft" nach dem objektiven Wortlaut der Norm gedeutet.[208] Dabei fällt auf, dass das Wort „Rechtsgeschäft" aus dem Wort „Geschäft" und dem spezifizierenden Teil „Rechts" besteht. Ein Geschäft kann in diesem Kontext nicht ein eingerichtetes Geschäft im Sinne eines Betriebes meinen, sondern ausschließlich eine Handlung. Der spezifizierende Teil „Rechts" ist an das Substantiv „Geschäft" angepasst. Ein davon unabhängiges aber zur gleichen Wortfamilie gehöriger Begriff dieses Wortteils wäre zum Beispiel „rechtlich".

„Rechtlich" bedeutet so viel wie juristisch orientiert, aber auch gesetzlich bzw. gesetzmäßig. Gesetzlich oder auch gesetzmäßig ist dabei jedes Verhalten, welches sich im Rahmen des Gesetzes befindet. Ein Gesetz kann formellen oder materiellen Charakter haben und ist eine für eine unbestimmte Vielzahl von Personen allgemein verbindliche Regelung.[209] Es handelt sich folglich um immaterielle bzw. abstrakte Beziehungen zwischen Personen und eben nicht um eine physische Beziehung.

---

[207] *Geserich*, DStR-Beih 2011, S. 60 f.; *Schäfers*, JuS 2015, S. 877.
[208] *Geserich*, DStR-Beih 2011, S. 60 f.; *Schäfers*, JuS 2015, S. 877.
[209] Klein/*Gersch* AO § 4 Rn. 3; Maunz/Dürig/*Grzeszick*, Art. 20 Abs. 6 Rn. 6; Maunz/Dürig/*Grzeszick*, Art. 70 Rn. 35; Maunz/Dürig/*Grzeszick*, Art. 100 Rn. 84; Palandt/*Ellenberger*, § 134 Rn. 2; StaudingerBGB/*Sack/Seibl*, § 134 Rn. 16; Weber/*Weber*, Gesetz.

Das Wort „Rechtsgeschäft" ist demnach eine Art Synonym für eine rechtliche, also auf Gesetz oder Recht basierende, immaterielle Handlung. *Fuchs* definiert ein Rechtsgeschäft als *„eine oder mehr[ere] Willenserklärungen und sonstigen Wirksamkeitsvoraussetzungen [...], die erforderlich sind, um den mit der Willenserklärung bezweckten Erfolg herbeizuführen. Von der bloßen Rechtshandlung unterscheidet sich das Rechtsgeschäft deshalb durch die Zweckbedingtheit."*[210]

Für eine vollständige Einordnung des Begriffs „Rechtsgeschäft" ist weiterhin eine Abgrenzung vom Realakt durchzuführen. Ein Realakt, auch als Rechtshandlung bezeichnet, ist *„jedes erlaubte rechtswirksame Handeln, an das sich Rechtsfolgen knüpfen."*[211] Es handelt sich um eine Rechtshandlung und eben nicht um ein Rechtsgeschäft, wenn der rechtliche Erfolg der Handlung nicht gewollt ist, aber trotzdem kraft Gesetz eintritt. Rechtshandlungen sind also alle Handlungen, *„bei denen der rechtliche Erfolg ohne Rücksicht auf den erklärten Willen eintritt."*[212] Aus diesem Grund finden die Normen hinsichtlich der Geschäftsfähigkeit, den Willenserklärungen und der Stellvertretung aus dem allgemeinen Teil des BGB keine Anwendung auf den Realakt.[213]

Im Ergebnis ist festzustellen, dass es sich bei Rechtsgeschäften um rechtliche Handlungen handelt, bei denen der rechtliche Erfolg eben gewollt ist. Genau wie beim Realakt liegt jedoch der Schwerpunkt auf der Handlung selbst.

b) gesetzliches Verbot

Ein Synonym für „gesetzliches Verbot" ist das Wort Verbotsgesetz, welches im juristischen Sprachgebrauch deutlich verbreiteter ist. Ungeachtet dessen bestehen beide Worte bzw. Ausdrücke aus den gleichen Wortteilen: „Gesetz" bzw. „gesetzlich" und „Verbot". Dass es sich bei einem Gesetz um eine für eine

---

[210] Weber/*Fuchs*, Rechtsgeschäft. So auch: Erman BGB/*Müller*, Einl v § 104 Rn. 2; JauernigBGB/*Mansel*, Vorb z §§ 104 Rn. 1 ff.; Palandt/*Ellenberger*, Überbl v § 104 Rn. 2; StaudingerBGB/*Sack/Seibl*, Vorb z §§ 104 ff. Rn. 84.
[211] Weber/*Fuchs*, Realakt; Weber/*Fuchs*, Rechtshandlung. So auch: Erman BGB/*Müller*, Einl v § 104 Rn. 6; Palandt/*Ellenberger*, Überbl v § 104 Rn. 4; 9.
[212] Erman BGB/*Müller*, Einl v § 104 Rn. 6; JauernigBGB/*Mansel*, Vorb z §§ 104 Rn. 24; Palandt/*Ellenberger*, Überbl v § 104 Rn. 4; 9; Weber/*Fuchs*, Rechtshandlung.
[213] BeckOK BGB/*Wendtland*, § 134 Rn. 3; MüKoBGB/*Armbrüster*, § 134 Rn. 25; Palandt/*Ellenberger*, Überbl v § 104 Rn. 10; Wandtke/Bullinger/*Thum*, § 7 UrhG Rn. 5.

unbestimmte Vielzahl von Personen allgemein verbindliche Regelung handelt, ist bereits bekannt.[214] Da im Gesetzestext des § 134 BGB keine weitere Typisierung des Gesetzes vorgenommen wird, ist davon auszugehen, dass der Gesetzgeber hier tatsächlich alle in Frage kommenden formellen[215] Gesetze oder Verordnungen in allen in Frage kommenden Rechtsgebieten meint, die eine Verbotsregelung treffen.[216] Es stellen sich die Fragen, was genau ein Verbot im Sinne des § 134 BGB ist und wie ein Verbot im Gesetz erkannt werden kann. Ein Verbot ist eine Regelung, die eine bestimmte Handlung oder Verhaltensweise für nicht erlaubt erklärt. Ob es sich bei einem Gesetz um ein Verbotsgesetz handelt oder nicht, kann nicht alleine an der Formulierung des Gesetzes erkannt werden.[217] Zwar ist das gerade bei neueren Gesetzen der Fall, aber gerade bei alten Gesetzen wie dem BGB ist der Verbotstatbestand häufig erst durch Auslegung oder Verknüpfung zu identifizieren. Trotzdem helfen typischerweise Formulierungen wie „ist unzulässig" oder „soll nicht", um einen Verbotstatbestand zu identifizieren.[218] Maßgebend ist daher aber nicht nur, ob der Wortlaut, sondern auch der Sinn und Zweck des Gesetzes die Nichtigkeit des Rechtsgeschäftes verlangen.[219]

Es ist festzuhalten, dass für den Tatbestand des § 134 BGB grundsätzlich ein Verbotstatbestand in einem Rechtsgebiet des öffentlichen Rechts oder des Privatrechts vorliegen muss. Weitere Voraussetzungen an das Tatbestandsmerkmal werden nicht gestellt. Der Geltungsrahmen wird folglich weit gehalten. Sollte ein Verbotstatbestand im Sinne des § 134 BGB wegen eines Rechtsgeschäfts erfüllt sein, führt das grundsätzlich zu Nichtigkeit des Rechtsgeschäfts. Damit ist das Rechtsgeschäft als *ex-tunc* ungültig zu betrachten.

---

[214] Klein/*Gersch* AO § 4 Rn. 3; Maunz/Dürig/*Grzeszick*, Art. 20 VI Rn. 6; Maunz/Dürig/*Grzeszick*, Art. 70 Rn. 35; Maunz/Dürig/*Grzeszick*, Art. 100 Rn. 84; Palandt/*Ellenberger*, § 134 Rn. 2; StaudingerBGB/*Sack/Seibl*, § 134 Rn. 16; Weber/*Weber*, Gesetz.
[215] MüKoBGB/*Armbrüster*, § 134 Rn. 30; Palandt/*Ellenberger*, § 134 Rn. 2; StaudingerBGB/*Sack/Seibl*, § 134 Rn. 16.
[216] So auch: BeckOK BGB/*Wendtland*, § 134 Rn. 5; Erman BGB/*Arnold*, § 134 Rn. 8 ff.; JauernigBGB/*Mansel*, Vorb z §§ 104 Rn. 4 ff.; MüKoBGB/*Armbrüster*, § 134 Rn. 30; Palandt/*Ellenberger*, § 134 Rn. 2; Weber/*Fuchs*, Gesetzwidrigkeit von Rechtsgeschäften.
[217] BeckOK BGB/*Wendtland*, § 134 Rn. 9; MüKoBGB/*Armbrüster*, § 134 Rn. 41; Palandt/*Ellenberger*, § 134 Rn. 8 f.; StaudingerBGB/*Sack/Seibl*, § 134 Rn. 30 f.
[218] BeckOK BGB/*Wendtland*, § 134 Rn. 9 ff.; *BGH*, NJW 2000, S. 1187; MüKoBGB/*Armbrüster*, § 134 Rn. 43 ff.; Palandt/*Ellenberger*, § 134 Rn. 2; StaudingerBGB/*Sack/Seibl*, § 134 Rn. 31.
[219] BeckOK BGB/*Wendtland*, § 134 Rn. 9 ff.; *BGH*, NJW 2000, S. 1187; Erman BGB/*Arnold*, § 134 Rn. 16; MüKoBGB/*Armbrüster*, § 134 Rn. 41; Palandt/*Ellenberger*, § 134 Rn. 7; StaudingerBGB/*Sack/Seibl*, § 134 Rn. 31.

c) „ein anderes"

Durch die Auslegung der Tatbestandsmerkmale „Rechtsgeschäft" und „gesetzliches Verbot" ist der Verbotstatbestand des § 134 BGB und dessen Umstände bereits deutlich geworden. Allerdings beinhaltet der § 134 BGB mit der Formulierung „*wenn sich nicht aus dem Gesetz ein anderes ergibt*" eine Ausnahmeregelung. Unklar bleibt hier, was der Begriff „*ein anderes*" bedeutet.

Das Wort „anderes" ist klassischerweise ein Pronomen. Das bedeutet, dass es entweder ein Substantiv ersetzt oder es genauer beschreibt. Im vorliegenden Fall muss es sich um eine genauere Beschreibung handeln, weil eine Ersetzung des Substantivs mit der Substantivierung des Pronomens verbunden wäre. Dann hätte der Gesetzgeber allerdings das substantivierte Pronomen auch großschreiben müssen. Dies ist hier nicht der Fall. Folglich handelt es sich bei der Phrase „ein anderes" bzw. „anderes" um eine genauere Beschreibung eines Substantivs. Es müsste sich aufgrund der Satzstruktur um das Substantiv „Gesetz" oder „Verbot" handeln.

Über die Deklination des Pronomens (Nomina) ist ein Ausschluss von einem der Substantive nicht möglich. Sowohl „ein anderes Gesetz" als auch „ein anderes Verbot" wären korrekte Schreibweisen. Eine weitere Möglichkeit wäre, die jeweiligen Optionen als zusätzliches Objekt nach dem Pronomen einzufügen und herauszufinden, ob eine Alternative aufgrund der Satzlogik ausgeschlossen werden kann. Die Satzoptionen wären dann „*wenn sich nicht aus dem Gesetz ein anderes [Gesetz] ergibt*" oder „*wenn sich nicht aus dem Gesetz ein anderes [Verbot] ergibt*". Da sich grundsätzlich Gesetze nicht aus anderen Gesetzen ergeben, sondern höchstens Verweise vorliegen und der Gesetzestext des § 134 BGB inhaltlich keinen Abschluss mehr aufweisen und damit die Logik verlieren würde, kann es sich nicht um „Gesetz" handeln. Allerdings macht „Verbot" logisch betrachtet auch keinen Sinn. Es ist bereits klar, dass ein Verbot zur Nichtigkeit des Rechtsgeschäfts führt, warum sollte dann ein anderes Verbot angeführt werden? Auch wenn zwei Verbote vorliegen, schließt das den Verbotstatbestand nicht aus.

Allerdings könnte sich „ein anderes" auf die Verbotsfolge beziehen. Die Verbotsfolge des § 134 BGB ist die Nichtigkeit des Rechtsgeschäfts. Für diese Argumentation spricht, dass der gesamte Nebensatz unmittelbar nach dem Adjektiv

„nichtig" folgt. Dann würde das Pronomen „ein anderes" sich aber doch nicht auf ein Substantiv als genauere Beschreibung beziehen, sondern ein Wort, welches eine alternative Rechtsfolge bestimmt, ersetzen und damit eigentlich großgeschrieben werden müssen. Allerdings gibt es Kombinationen aus Präpositionen und flektiertem Adjektiv ohne vorherigen spezifischen Artikel, bei denen es keine Pflicht zur Großschreibung gibt. Die Kleinschreibung macht hier auch Sinn, da die Rechtsfolge eines Verbotes nicht zwangsläufig ein Substantiv ist, sondern in der Regel, wie „nichtig", ein Adjektiv ist.

Somit stellt der Nebensatz mit der Phrase „ein anderes" eine vorrangige Alternative zur Nichtigkeit dar, ohne eine weitere Spezifizierung vorzunehmen. Alternativen der Nichtigkeit bleiben somit den jeweiligen Verbotstatbeständen erhalten. Diese Ansichtsweise wird von der Literatur ebenfalls vertreten.[220]

d) Zwischenfazit

Zwei wesentliche Erkenntnisse aus der grammatikalischen Auslegung sind festzuhalten. Erstens ist klargeworden, was der § 134 BGB überhaupt objektiv aussagen soll. Danach sagt der Gesetzestext, dass im Falle des Vorliegens eines Verbotstatbestandes, welcher durch ein Rechtsgeschäft erfüllt wurde, die Nichtigkeit des Rechtsgeschäftes eintritt, solange der Verbotstatbestand nicht eine andere Rechtsfolge bezweckt. Zweitens wird schon aufgrund des Satzbaus klar, dass im Fokus der Norm das Rechtsgeschäft stehen soll. Ein Indiz dafür ist, dass „Rechtsgeschäft" das Subjekt des Hauptsatzes der Norm ist: *„Ein Rechtsgeschäft [...] ist nichtig [...]."* Die beiden eingefügten Nebensätze bilden dabei den Relativsatz, der einen beschreibenden Charakter innehat.

Folglich steht im Mittelpunkt der Norm das Rechtsgeschäft, auf welches daher ein besonderer Schwerpunkt gelegt werden muss. Das wesentliche Element des Rechtsgeschäftes wiederum ist die Handlung und nicht der Erfolg. Insofern könnte vermutet werden, dass im Rahmen der allgemeinen Legalitätspflicht der Gesetzgeber durch seine Wortwahl in § 134 BGB bewusst das Konzept einer handlungsorientierten Haftung bejaht und das einer Erfolgshaftung abgelehnt hat. Diese Vermutung wird ebenfalls von § 823 BGB untermauert. Denn für die

---

[220] BeckOK BGB/*Wendtland*, § 134 Rn. 20; Erman BGB/*Arnold*, § 134 Rn. 2; JauernigBGB/*Mansel*, § 134 Rn. 8; MüKoBGB/*Armbrüster*, § 134 Rn. 3; Palandt/*Ellenberger*, § 134 Rn. 6 ff.; Schulze/*Dörner*, § 134 Rn. 7; StaudingerBGB/*Sack/Seibl*, § 134 Rn. 58.

Erfüllung des Tatbestandes des § 823 Abs. 2 BGB wird stets das Verschulden des Schädigenden vorausgesetzt. Zwar entsteht kein Anspruch, wenn die Handlung nicht zu einem Schaden bzw. Erfolg führt. Allerdings liegt der Schwerpunkt auf der rechtswidrigen schuldhaften Handlung des Schädigers, da auch dann ein Anspruch entsteht, wenn die Handlung nicht den tatsächlich eingetretenen Erfolg herbeiführen sollte, der Schaden also „nur" mitverursacht wurde. Der Erfolg wird daher für die Bejahung des Schadens, nicht aber für die Bejahung des Delikts an sich benötigt.[221]

Das Ziel der folgenden systematischen Auslegung ist daher herauszufinden, inwiefern die These verifiziert werden kann.

2. Systematische Auslegung

Im Zusammenhang mit der systematischen Auslegung soll der Bedeutungsinhalt des Wortes „Rechtsgeschäft" unter der Berücksichtigung des normativen und rechtlichen Umfeldes analysiert werden.[222]

Der Kern des Begriffes „Rechtsgeschäft" ist die Handlung, mit der ein bestimmter Erfolg realisiert werden soll. Es stellt sich die Frage, ob § 134 BGB daher die Handlung als solche oder (auch) den daraus resultierenden Erfolg ahnden möchte. Vom Wortlaut des § 134 BGB her soll explizit nur ein Rechtsgeschäft sanktioniert werden. Der Realakt, als Gegengewicht, Abgrenzungsmerkmal und Alternative zum Rechtsgeschäft, fällt damit nicht unter den Tatbestand des § 134 BGB. Somit liegt nahe, dass der Erfolg als solcher nicht sanktioniert werden soll. Hätte der Gesetzgeber gewollt, den Erfolg ebenfalls zu sanktionieren, hätte er den Realakt unmittelbar, aber zumindest mittelbar aufnehmen müssen. Allerdings gibt es innerhalb des § 134 BGB keinerlei Hinweise auf solch eine Intention. Auch eine inhaltlich weitere Auslegung hinsichtlich der Bedeutung des gesamten Hauptsatzes ist zu vernachlässigen, da der Hauptsatz bewusst kurz formuliert wurde.

Somit muss § 134 BGB strikt vom Realakt abgegrenzt werden. Das Abgrenzungsmerkmal zum Rechtsgeschäft ist, dass beim Realakt der Erfolg ohne

---

[221] BeckOK BGB/*Förster*, § 823 Rn. 1; 37; MüKoBGB/*Wagner*, § 823 Rn. 4; Palandt/*Sprau*, § 823 Rn. 1; 40
[222] *Geserich*, DStR-Beih 2011, S. 63; *Schäfers*, JuS 2015, S. 877.

den Willen des Handelnden eintritt, wohingegen beim Rechtsgeschäft der Handelnde gerade wegen der Verwirklichung des Erfolges die Handlung ausführt. Das Abgrenzungsmerkmal ist folglich der Vorsatz. Beim Realakt liegt keine vorsätzliche, nicht einmal zwangsläufig fahrlässige Handlung zur Realisierung des Erfolges vor. Gemäß dem Verschuldensprinzip ist damit eine Haftung des Handelnden in jedem Fall ausgeschlossen, da sonst der Schutzbereich der allgemeinen Handlungsfreiheit verletzt werden würde.[223] Das bedeutet, dass der Gesetzgeber durch die Aufnahme des Realaktes in den Tatbestand des § 134 BGB höchstens den Erfolg selbst hätte ahnden können. Beim Rechtsgeschäft ist das wegen der bewussten Handlung zur Realisierung des Erfolges – das Verschulden liegt also vor – nicht der Fall. Hier kann daher die Handlung sanktioniert werden.

Das bedeutet, dass davon auszugehen ist, dass bei der Kodifizierung des § 134 BGB der Gesetzgeber vorrangig die Handlung ahnden wollte und nicht den Erfolg.

Diese Vorgehensweise des Gesetzgebers würde auch dogmatisch der allgemeinen Rechtsordnung entsprechen. Hier ist die im Strafrecht angesiedelte „*Verbrechenslehre*"[224] ein Beweis dafür, dass der Gesetzgeber grundsätzlich das Handeln und nicht den Erfolg sanktionieren möchte. *Liszts* (1884)[225] und *Beling* (1906)[226] haben durch ihre Ausführungen bereits vor über einem Jahrhundert die Grundlage für die heutige – zum Teil auch von der Formulierung her umstrittene – „*klassische Verbrechenslehre*" gelegt, wonach eine Straftat eine rechtswidrige und schuldhafte Handlung ist (sog. Handlungsunrecht).[227] Dieser Ansatz spiegelt sich in § 15 StGB wider, wonach nur vorsätzliches Handeln strafbar ist, wenn nicht das Gesetz fahrlässiges Handeln ausdrücklich mit Strafe bedroht. Daraus ergibt sich, dass eine das tatbestandliche Unrecht realisierende Handlung benötigt wird.[228] Im Umkehrschluss bedeutet das auch, dass die Tatbestandsverwirklichung nicht zu bestätigen ist, wenn ein gelegentliches, fahrlässiges Verhalten mit der Verwirklichung der restlichen Tatbestandsmerkmale aufeinandertreffen (bloßes

---

[223] JauernigBGB/*Stadler*, § 276 Rn. 8 f.; *Majer/Popescu*, NZM 2009, S. 183; Palandt/*Grüneberg*, § 276 Rn. 3; Spickhoff/*Spickhoff*, § 276 BGB Rn. 1; StaudingerBGB/*Caspers*, § 276 Rn. 3.
[224] Kindhäuser/Neumann/Paeffgen/*Puppe*, Vorb z §§ 13 ff. Rn. 1 ff.; Lackner/Kühl/*Kühl*, Vorb z §§ 13 Rn. 6 f.; Schönke/Schröder/*Eisele*, Vorb z §§ 13 ff. Rn. 1.
[225] Siehe hierzu: *von Liszt, Franz* – Lehrbuch des Deutschen Strafrechts, 2. Auflage, 1884.
[226] Siehe hierzu: *Beling, Ernst* – Lehre vom Verbrechen, 1. Auflage, 1906.
[227] *Ambos*, JA 2007, S. 3 f.; Kindhäuser/Neumann/Paeffgen/*Puppe*, Vorb z §§ 13 ff. Rn. 4; Schönke/Schröder/*Sternberg-Lieben/Schuster*, § 15 Rn. 8.
[228] BeckOK StGB/*Kudlich*, § 18 Rn. 1; MüKoStGB/*Duttge*, § 15 Rn. 160; Schönke/Schröder/*Sternberg-Lieben/Schuster*, § 15 Rn. 11.

Erfolgsunrecht). Dass folglich die Verwirklichung (Erfolg) auf der eigentlichen Handlung beruhen muss, ergibt sich zudem aus den Formulierungen des StGB mittels Signalwörter wie „aus" Fahrlässigkeit (z.b. § 161 StGB) oder „durch" Fahrlässigkeit (z.b. § 222 StGB).[229]

Schlussendlich ist die Absage an ein Prinzip des reinen Erfolgsunrechts auch im Aufbau der strafrechtlichen Normenprüfung von Verbrechen im Sinne des § 12 Abs. 1 StGB erkennbar. So führt das Verneinen der (vorsätzlichen und kausalen) Handlung immer – auch außerhalb der Verbrechenstatbestände – zum Untergang des Tatbestandes, wohingegen das Verneinen des Erfolges nicht zum Untergang führt, sondern zur Strafbarkeit des Versuches.[230]

Es ist festzuhalten, dass der Gesetzgeber grundsätzlich das Handeln (Handlungsunrecht) und nicht den Erfolg sanktioniert. Daher ist davon auszugehen, dass der Gesetzgeber das Prinzip des Handlungsunrechts auch auf den § 134 BGB anzuwenden versuchte. Ergo muss für die Verwirklichung des Tatbestandes des § 134 BGB die Handlung und nicht der Erfolg der Handlung maßgeblich sein. Damit ist der Anknüpfungspunkt an die Rechtswidrigkeit einer Maßnahme die Handlung (Handlungsorientiertes Prinzip). Gleichzeitig ist somit die Anwendbarkeit der Risikotheorie, die eine Erfolgshaftung bei Fragen in unklaren Rechtslagen zu etablieren versucht, zu verneinen. Somit bleibt die strikte Legalitätspflicht oder die Vertretbarkeitstheorie als Optionen übrig.

3. Historische Auslegung

Hinsichtlich der Anwendbarkeit der Risikotheorie kommt eine historische Auslegung, wegen dem historischen Kerngedanken der Verbrechenslehre[231] und des daraus entwickelten Prinzips des Handlungsunrechts, zu dem gleichen Ergebnis wie die systematische Auslegung, da es sich um Theorien handelt, die bereits zu Beginn des 20. Jahrhunderts entwickelt wurden. Auch weil bereits wesentliche

---

[229] MüKoStGB/*Duttge*, § 15 Rn. 160.
[230] BeckOK StGB/*Kudlich*, § 18 Rn. 17; Lackner/Kühl/*Kühl*, § 18 Rn. 1 f.; MüKoStGB/*Hardtung*, § 18 Rn. 66.
[231] Kindhäuser/Neumann/Paeffgen/*Puppe*, Vorb z § 13 ff. Rn. 1 ff.; Lackner/Kühl/*Kühl*, Vorb z §§ 13 Rn. 6 f.; Schönke/Schröder/*Eisele*, Vorb z §§ 13 ff Rn. 1.

Widersprüche der Risikotheorie zum geltenden Recht festgestellt wurden, kann eine dahingehend weitere Erörterung vernachlässigt werden.

Im Rahmen der historischen Auslegung ist folglich zu ermitteln, inwiefern Argumente für oder gegen die strikte Legalitätspflicht respektive die Vertretbarkeitstheorie zu finden sind und welche letztendlich hinsichtlich ihrer Überzeugungskraft überwiegen.

Für die Auslegung wird zuerst ein Anknüpfungspunkt, mit welchem eine klare Abgrenzung beider Theorien möglich ist, benötigt. Hier kommt der Ermessensspielraum hinsichtlich eines Rechtsgeschäfts bzw. einer Handlung in Frage. Nach der strikten Legalitätspflicht wird dem Entscheidungsträger grundsätzlich kein Ermessensspielraum eingeräumt, wohingegen die Vertretbarkeitstheorie einen Ermessenspielraum bejaht. Sollte die historische Auslegung also zu dem Ergebnis kommen, dass dem Entscheidungsträger und Handelnden historisch betrachtet ein Ermessensspielraum zusteht, so wäre dies gleichbedeutend mit einer Ablehnung der strikten Legalitätspflicht und der Bestätigung der Vertretbarkeitstheorie, *vice versa* zu verstehen. Insofern muss nachfolgend nach einem Ermessensspielraum im historischen Rechtskontext gesucht werden.

In Rahmen der Verabschiedung des UMAG im Jahre 2005 führte der Gesetzgeber die Business Judgement Rule mit dem Tatbestandsmerkmal „unternehmerische Entscheidung" ein, indem ein neuer § 93 Abs. 1 S. 2 AktG eingefügt wurde. Der Grundsatz des Geschäftsleiterermessens, wodurch Organträgern ein erweiterter Handlungsspielraum zugestanden wurde, war damit endgültig im Organhaftungsrecht kodifiziert.[232] Zuvor war sich die Rechtsprechung bereits einig, dass den Organträgern ein erweiterter Ermessensspielraum zustehen muss, um die Wirtschaftlichkeit der Unternehmen vor zu großen Sorgen hinsichtlich wirtschaftlicher Risiken zu schützen.[233] Diese Ansicht wurde ebenfalls vom 63. Deutschen Juristentag im Jahr 2000 mehrheitlich durch Beschluss vertreten[234] und

---

[232] *Bayer/Scholz*, NZG 2019, S. 204; MüKoAktG/*Spindler*, § 93 Rn. 63; MüKoGmbHG/*Fleischer*, § 43 Rn. 69 f.; Spindler/Stilz/*Fleischer*, § 93 Rn. 59; 60.
[233] vgl. S. 7 f. hinsichtlich der ARAG/Garmenbeck-Entscheidung und dem Herstatt-Skandal.
[234] *Deutscher Juristentag*, Verhandlungen des dreiundsechzigsten Deutschen Juristentages, S. O 79

durch die Regelungen in Ziffer 4.1 des Deutschen Corporate Governance Kodex empfohlen.

In der Gesetzesbegründung des UMAG heißt es zudem: *„Der Grundgedanke eines Geschäftsleiterermessens [...] ist nicht auf den Haftungstatbestand des § 93 AktG und nicht auf die Aktiengesellschaft beschränkt [...]."*[235]

Der Ermessensspielraum soll sich daher nicht nur auf aktienrechtliche Sachverhalte beziehen, sondern auf alle Rechtsgebiete des Zivilrechts. Beispielhaft für solch einen Rechtstransfer ist der Auftrag nach §§ 662 ff. BGB a. F. Danach ist der Beauftragte verpflichtet, ein übertragenes Geschäft für den Auftraggeber unentgeltlich zu besorgen. Ein wesentliches Merkmal des Auftrages ist, dass der Beauftragte einem strengen Weisungsrecht unterliegt, welches sich aus der Natur der negativen Formulierung des § 665 BGB ergibt. Das bedeutet, dass der Beauftragte in jedem Fall den Auftrag unter strikter Beachtung der Weisungen zu erfüllen hat.[236] Allerdings sagt § 665 S. 1 BGB, dass der Beauftragte berechtigt ist, vom strikten Weisungsrecht abzuweichen, wenn *„[...] er den Umständen nach annehmen darf, dass der Auftraggeber bei Kenntnis der Sachlage die Abweichung billigen würde."* Auch § 665 BGB existiert bereits mit der Fassung vom 1.1.2000 inhaltsgleich. Zusammengefasst bedeutet das, dass der Beauftragte schadensersatzpflichtig gemäß § 280 BGB wird, wenn er seine Hauptpflicht bzw. das Weisungsrecht verletzt und dabei den ihm gegebenen Ermessensspielraum überschreitet.[237] Vom Ermessensspielraum ist der Beauftragte geschützt, wenn der Tatbestand des § 665 S. 1 BGB erfüllt ist und Gefahr im Verzug ist oder eine Anzeige der Abweichung an den Auftraggeber erfolgt ist. Bei berechtigter Abweichung – die Berechtigung muss im Zweifel durch Auslegung des Auftragsvertrages hinsichtlich der Frage, ob die Weisung ein Teil des Vertrages ist bestimmt werden – ist der Beauftragte zur Mitteilung an den Auftraggeber verpflichtet. Gleichzeitig treffen den Beauftragten weitere Informations- und

[235] Begr. RegE UMAG, BT-Drucks. 15/5092, S. 12.
[236] BeckOK BGB/*Fischer*, § 665 Rn. 1; Erman BGB/*Berger*, § 665 Rn. 1; JauernigBGB/*Mansel*, § 665 Rn. 1; MüKoBGB/*Schäfer*, § 665 Rn. 7; Palandt/*Sprau*, § 665 Rn. 1.
[237] BeckOK BGB/*Fischer*, § 662 Rn. 11; Burandt/Rojahn/*Kurze*, § 662 BGB Rn. 19; Erman BGB/*Berger*, § 665 Rn. 13; JauernigBGB/*Mansel*, § 665 Rn. 5; Palandt/*Sprau*, § 665 Rn. 6 ff.

Belehrungspflichten.[238] Es zeigt sich, dass der Gesetzgeber bereits zu Beginn des Jahrtausends einen Ermessensspielraum im BGB kodifiziert hatte.

Zusammenfassend lässt sich sagen, dass sowohl der Gesetzgeber als auch die Rechtsprechung historisch betrachtet eine Ermessensentscheidung gegenüber der gebundenen Entscheidung bevorzugt haben, indem der handelnden Person stets ein begrenzter Entscheidungsfreiraum ermöglicht wird. Die Anwendung der strikten Legalitätspflicht würde demgegenüber im Widerspruch stehen. Somit bleibt nur die Vertretbarkeitstheorie als mögliche Option erhalten.

4. Teleologische Auslegung

Es bleibt fraglich, ob die Vertretbarkeitstheorie auch einer teleologischen Auslegung standhält und nicht im Widerspruch zum Verfassungs- oder Europarecht steht. Gleichzeitig bleibt offen, in welcher Ausprägung die Vertretbarkeitstheorie anzuwenden wäre (Optimierungstheorie, bewegliche Schranke, etc.). In der folgenden teleologischen Auslegung soll daher festgestellt werden, ob die Anwendung der Vertretbarkeitstheorie bei Entscheidungen unter unklaren Rechtslagen grundsätzlich mit dem objektiven Normzweck des § 134 BGB, § 93 AktG übereinstimmt und ob eine angepasste Variante der Vertretbarkeitstheorie besser den Bestimmungen der § 134 BGB, § 93 AktG entspricht.

Gemäß dem Wortlaut des § 133 BGB wird dieser Vergleich durchgeführt, indem der wirkliche und nicht der buchstäbliche Wille des Gesetzgebers innerhalb des § 134 BGB und § 93 AktG erforscht wird. Zwar spricht § 133 BGB objektiv von der Auslegung einer Willenserklärung, allerdings ist deren Kernaussage gleichzeitig auch der im Wesentlichen zu prüfende Umstand bei der teleologischen Auslegung eines Gesetzestextes. Folglich muss zuerst herausgefunden werden, was der tatsächliche Normzweck der Vorschrift(en), also deren objektiver Zweck, ist. Danach muss dieser Zweck mit der Vertretbarkeitstheorie verglichen werden.[239]

---

[238] BeckOK BGB/*Fischer*, § 662 Rn. 13; Erman BGB/*Berger*, § 662 Rn. 16; Erman BGB/*Berger*, § 665 Rn. 1; JauernigBGB/*Mansel*, § 665 Rn. 4 f.; MüKoBGB/*Schäfer*, § 665 Rn. 7; Palandt/*Sprau*, § 665 Rn. 9.
[239] *Geserich*, DStR-Beih 2011, S. 60; *Schäfers*, JuS 2015, S. 878 f.

a) Objektiver Normzweck des § 134 BGB

Die in ein Rechtsgeschäft involvierten Parteien genießen wegen des Grundsatzes der Privatautonomie grundsätzlich die Freiheit, das Rechtsgeschäft so auszugestalten, dass die jeweiligen Interessen bestmöglich umgesetzt werden können. Dies bedeutet, dass ein Rechtsgeschäft nicht zwingend beidseitig fair und angemessen ausgestaltet sein muss.[240] Allerdings kann sich der Grundsatz der Privatautonomie nur innerhalb der Grenzen des rechtlich Zulässigen bewegen. Daher muss den Parteien bei der Abgabe ihrer rechtsgeschäftlichen Willenserklärungen dessen Legalität bewusst sein.[241] Sollte jedoch die Legalität durch Verstoß gegen ein Verbotsgesetz missachtet werden, so ordnet § 134 BGB zum Schutze der Allgemeinheit an, dass das Rechtsgeschäft, unabhängig vom Willen der Parteien nichtig ist, sofern sich aus dem Verbotsgesetz nicht ergibt, dass das Rechtsgeschäft trotz des Verstoßes wirksam sein bzw. bleiben soll.[242] Ob ein Verbotsgesetz missachtet wurde und daraus die Nichtigkeit des Rechtsgeschäfts folgt, bestimmt die in § 134 BGB festgehaltene Auslegungsregel. Danach muss die Nichtigkeit des Rechtsgeschäfts nach Sinn und Zweck des Verbotsgesetzes gerechtfertigt sein. Somit dient § 134 BGB faktisch als eine Art Inhaltskontrolle von Rechtsgeschäften.[243] Weil den Parteien die Legalität des Rechtsgeschäftes bewusst sein muss, muss die Auslegung des § 134 BGB durch die Parteien selbst erfolgen.

Den Parteien wird somit ein Handlungsfreiraum eingeräumt: sie haben zu prüfen, ob ein Verstoß gegen ein Verbotsgesetz vorliegt. Sollte dabei festgestellt werden, dass ein Verbotsgesetz Anwendung findet, ist die Handlung zu unterlassen. Sollte fehlerhaferweise kein Verbotsgesetz bejaht werden, so ist die Handlung trotzdem nichtig, *vice versa*. Es gibt außerdem keine Anhaltspunkte dafür, dass die Vorgehensweise sich durch eine unklare (Verbots-)Rechtslage ändern würde.

---

[240] BeckOK BGB/*Wendtland*, § 133 Rn. 1; Erman BGB/*Arnold*, § 133 Rn. 1; JauernigBGB/*Mansig*, Vorb z §§ 104 Rn. 1; MüKoBGB/*Schubert*, § 242 Rn. 526; Palandt/*Ellenberger*, Überbl v § 104 Rn. 1; StaudingerBGB/*Sack/Seibl*, § 134 Rn. 1.
[241] BeckOK BGB/*Wendtland*, § 134 Rn. 1; Erman BGB/*Arnold*, § 134 Rn. 1; Palandt/*Ellenberger*, § 134 Rn. 1; StaudingerBGB/*Sack/Seibl*, § 134 Rn. 1.
[242] BeckOK BGB/*Wendtland*, § 134 Rn. 2; Erman BGB/*Arnold*, § 134 Rn. 1; Palandt/*Ellenberger*, § 134 Rn. 1; StaudingerBGB/*Sack/Seibl*, § 134 Rn. 2.
[243] BeckOK BGB/*Wendtland*, § 134 Rn. 2; JauernigBGB/*Mansig*, § 134 Rn. 8; Schulze/*Dörner*, § 134 Rn. 1; StaudingerBGB/*Sack/Seibl*, § 134 Rn. 1.

Folglich müsste den Parteien auch hier ein Ermessensspielraum hinsichtlich der Frage der Legalität bzw. Nichtigkeit des Rechtsgeschäfts eingeräumt werden.

b) Objektiver Normzweck des § 93 AktG

Zur Verwirklichung der Sorgfaltspflicht der Organträger hält § 93 AktG neben der essentiellen Pflicht zur Schadensbeseitigung auch eine verhaltenssteuernde Funktion bereit.[244] Dieses verhaltenssteuernde Element ist für die Bestimmung des objektiven Zwecks im Rahmen dieser teleologischen Auslegung von besonderer Bedeutung, weshalb im Folgenden hierauf der Fokus gelegt wird. Hintergrund des verhaltenssteuernden Elements ist der Freiraum im Sinne der Eigenverantwortlichkeit, welche jeder Organträger benötigt, um die allgemeinen Schwankungen und Unabwägbarkeiten der Marktwirtschaft berücksichtigen zu können.[245] Um diese Freiheiten des Organträgers auf ein bestimmtes Maß zu beschränken, hat der Gesetzgeber die äußere Grenze des unternehmerischen (und sorgfältigen) Handelns „bestimmt", indem er die Business Judgement Rule kodifizierte. Dadurch soll es den jeweiligen Organträgern möglich sein, gewisse Risiken durch eine vorherige Prüfung eingehen zu können, ohne für potentielle wirtschaftliche Schäden haften zu müssen („*safe harbour*"). Denn grundsätzlich sind fast alle Entscheidungen eines Organträgers zukunftsbezogene unternehmerische Entscheidungen, welche von Natur aus wegen der Ungewissheit der Zukunft per se ein Risiko in sich tragen. Ziel des verhaltenssteuernden Elements soll daher sein, übertrieben risikoaverse Handlungen, die dem Unternehmenserfolg widersprechen, zu vermeiden, wenn vorher die Kriterien der Business Judgement Rule erfüllt wurden.[246]

Im Umkehrschluss soll der Organträger aber auch durch eigene Abwägung mittels der Business Judgement Rule feststellen, wann eine unternehmerische Entscheidung wegen zu großem Risiko eben nicht mehr zu tragen ist, damit im

---

[244] *Bayer/Scholz*, NZG 2014, S. 929; MüKoAktG/*Spindler*, § 93 Rn. 1; Spindler/Stilz/*Fleischer*, § 93 Rn. 2 f.; *Wagner*, ZHR (178) 2014, S. 279 f.
[245] vgl. nur *Fleischer*, NZG 2011, S. 522; MüKoAktG/*Spindler*, § 93 Rn. 48 ff.; MüKoGmbHG/*Fleischer*, § 43 Rn. 67. Zum Risikobegriff als solches: *Baums*, ZGR 2011, S. 222 ff.
[246] Vgl. dazu S. 11 f. Ansonsten: Henssler/Strohn/*Dauner-Lieb*, § 93 AktG Rn. 20; Hölters/*Hölters*, § 93 Rn. 30; Hüffer/Koch/*Koch*, § 93 Rn. 16; MüKoAktG/*Spindler*, § 93 Rn. 48 f.; Spindler/Stilz/*Fleischer*, § 93 Rn. 67.

Bestfall kein Schaden eintritt.[247] § 93 Abs. 2 AktG besitzt zwar eine Schadens-
beseitigungsfunktion, aber im Regelfall wird der zu erwartende Ersatz des
Organträgers nicht im Verhältnis zum entstandenen Schaden stehen.[248] Dieser dem
Organträger dadurch zugesprochene Entscheidungsfreiraum wird auch als
„Geschäftsleiterermessen" bezeichnet. Zudem verfolgt § 93 Abs. 1 S. 2 AktG nicht
nur den Zweck, das Geschäftsleiterermessen inhaltlich zu definieren, sondern auch
vor den unternehmerisch meist unerfahrenen Richtern, die die meist komplizierten
unternehmerischen Entscheidungssituationen nur schwer rekonstruieren und
bewerten können, zu schützen („Rückschaufehler" oder „hindsight bias").[249]

c) Vergleich und Zwischenergebnis

In Conclusio zeigt sich, dass sowohl § 134 BGB als auch § 93 AktG von den
jeweilig handelnden Personengruppen verlangt, dass eine Prüfung des
Rechtsgeschäfts bzw. der unternehmerischen Entscheidung vor der jeweiligen
Umsetzung durchgeführt wird. In beiden Fällen gibt der Gesetzgeber den
handelnden Personengruppen eine Art Auslegungsregel vor, wonach und wie die
geplante Maßnahme inhaltlich zu prüfen ist. Aufgrund der Tatsache, dass es sich
aber lediglich um eine Auslegungsregel handelt und jeder Auslegung ein
Entscheidungs- und Bewertungsfreiraum inhärent ist, muss den Personengruppen
auch ein Ermessensspielraum eingeräumt werden.

Demgegenüber wird gemäß der Vertretbarkeitstheorie dem Organträger ebenfalls
ein Beurteilungsspielraum zugestanden, innerhalb dessen diejenige
Handlungsoption gewählt werden muss, die sich wirtschaftlich am besten auswirkt
und gleichzeitig rechtlich vertretbar ist. Auch hier ist ein Schutzmechanismus der
handelnden Parteien vor richterlichen Entscheidungen implementiert, indem die
Vertretbarkeit grundsätzlich noch angenommen wird, wenn die Handlungsoption

---

[247] GK AktG/*Hopt/Roth*, § 93 Rn. 61; Henssler/Strohn/*Dauner-Lieb*, § 93 AktG Rn. 18;
Hölters/*Hölters*, § 93 Rn. 29 f.; MüKoAktG/*Spindler*, § 93 Rn. 1; Roth/Altmeppen/*Altmeppen*, § 43
Rn. 8 ff.; Spindler/Stilz/*Fleischer*, § 93 Rn. 60.
[248] *Habersack*, ZHR (177) 2013, S. 788 f.; Spindler/Stilz/*Fleischer*, § 93 Rn. 2a; *Wagner*, ZHR (178)
2014, S. 279 f.
[249] *Faßbender*, NZG 2015, S. 503; *Fleischer*, DStR 2009, S. 1209; Hüffer/Koch/*Koch*, § 93 Rn. 9;
Klöhn/Schmolke, NZG 2015, S. 695; Spindler/Stilz/*Fleischer*, § 93 Rn. 60.

„gerade noch geht", wenn also nicht mit großer Wahrscheinlichkeit eine abweichende gerichtliche Entscheidung getroffen wird.[250]

Im Gesamtkontext dieser teleologischen Auslegung ist die strikte Legalitätspflicht, wegen dessen strikter Ablehnung eines Ermessensspielraumes der handelnden Person, nochmals abzulehnen. Ungeachtet davon zeigt der Vergleich des Normzwecks von § 93 AktG und § 134 BGB mit der Grundstruktur der Vertretbarkeitstheorie durchweg die gleichen Prinzipien und Grundgedanken. Generelle Unstimmigkeiten sind nicht zu erkennen. Insoweit steht die Vertretbarkeitstheorie auch dem objektiven Willen des Gesetzgebers nicht im Wege. Vielmehr kann die Vertretbarkeitstheorie als Bestätigung bzw. Umsetzung des objektiven Willens des Gesetzgebers gesehen werden, indem sie faktisch als eine Rechtsfortbildung angesehen werden kann, wobei hierfür der Anknüpfungspunkt § 93 Abs. 1 S. 2 bildet. Gleichzeitig heißt es in der Begründung zum UMAG: *„Das für das Aktiengesetz zu § 93 gefundene Regelungsmuster [...] [kann] aber als Anknüpfungs- und Ausgangspunkt für die weitere Rechtsentwicklung dienen."*[251]

Allerdings stellt sich die Frage, ob der Schutzmechanismus vor gerichtlichen Rückschaufehlern des § 93 AktG und der Vertretbarkeitstheorie ein gleiches Niveau aufweisen. Das Niveau des Schutzmechanismus wiederum ist an der Grenze des jeweiligen Ermessensspielraums zu erkennen. Ist der Ermessensspielraum des § 93 Abs. 1 S. 2 AktG weit gefasst, ist es dogmatisch als sinnvoll zu erachten, den Ermessensspielraum der Vertretbarkeitstheorie in gleichem Maße weit zu fassen.

Der Ermessensspielraum des § 93 AktG ist grundsätzlich erst dann überschritten, wenn die Tatbestandsmerkmale der Business Judgement Rule deutlich übertreten wurden, wenn also das Risiko im Einzelfall in völlig unverantwortlicher Weise überschritten worden ist (Stichwort: grobe Fahrlässigkeit[252]). Sollte beispielsweise die Prüfung aufzeigen, dass das Risiko existenzgefährdend ist, ist von der Handlung

---

[250] *Brock*, Legalitätsprinzip und Nützlichkeitserwägungen, S. 205; *Buck-Heeb*, BB 2013, S. 2250; *Graewe/von Harder*, BB 2017, S. 710; *Langenbucher*, ZBB 2013, S. 22; Spindler/Stilz/*Fleischer*, § 93 Rn. 30; *Thole*, ZHR (173) 2009, S. 522.
[251] Begr. RegE UMAG, BT-Drucks. 15/5092, S. 12.
[252] Begr. RegE UMAG, BT-Drucks. 15/5092, S. 12; Hüffer/Koch/*Koch*, § 93 Rn. 23.

im Regelfall abzusehen.[253] Folglich bedarf es einer auf den Einzelfall bezogenen Gesamtabwägung, welche auch eine individuelle Risikobewertung für den Einzelfall beinhalten muss.

Im Rahmen des Ermessensspielraums der Vertretbarkeitstheorie befindet sich die Handlungsoption „*gerade noch geht*" (zumindest grobe Fahrlässigkeit[254]), wenn folglich nicht mit großer Wahrscheinlichkeit eine abweichende gerichtliche Entscheidung getroffen werden wird. Es zeigt sich, dass auch hier der Ermessensspielraum sehr weit gefasst ist. Jedoch beinhaltet die Vertretbarkeits- theorie auf den ersten Blick keine auf den Einzelfall bezogene Risikobewertung und Bezugnahme, welche die individuellen Umstände ausreichend berücksichtigt. Hier könnte durch die Ergänzung einer beweglichen Schranke, welche die Umstände des Einzelfalls in die Vertretbarkeitstheorie implementiert, dieses Problem gelöst werden. Eine inhaltliche und dogmatisch gleiche Vorgehensweise der Business Judgement Rule und der Vertretbarkeitstheorie wären die Folge.

In der Gesamtbetrachtung ist zu resümieren, dass die Anwendung der Vertretbar- keitstheorie bei Entscheidungen unter unklaren Rechtslagen grundsätzlich dem Normzweck des § 134 BGB und des § 93 AktG entspricht. Eine weitestgehend inhaltliche Anpassung wäre durch die Implementierung einer beweglichen Schranke ebenfalls möglich. Die Vertretbarkeitstheorie hält demnach der teleologischen Auslegung stand.

5. Verfassungs- und europarechtskonforme Auslegung

Die verfassungs- und europarechtskonforme Auslegung verlangt vorrangig, dass im Falle eines Auslegungsergebnisses mit mehreren Möglichkeiten jene gewählt werden muss, welche dem Verfassungs- bzw. Europarecht am besten zur Geltung verhilft („*verfassungsfreundliche Auslegung*").[255] Innerhalb dieser Auslegung der Legalitätspflicht bei Rechtsunsicherheit bestehen allerdings keine Alternativen mehr. Die Vertretbarkeitstheorie bleibt zum aktuellen Kenntnisstand die einzig

---

[253] *BGH*, NZG 2011, S. 1272 f.; *BGH*, NZG 2015, S. 794 f. Weiterhin: Hölters/*Hölters*, § 93 Rn. 31 f.; Hüffer/Koch/*Koch*, § 93 Rn. 23; Spindler/Stilz/*Fleischer*, § 93 Rn. 75.
[254] Vgl. S. 45.
[255] *Lüdemann*, JuS 2004, S. 28 f.; *Schäfers*, JuS 2015, S. 879; *Wiek*, WuM 2013, S. 277.

verbleibende Option. Daher ist die Vertretbarkeitstheorie auch als verfassungs-freundlich anzusehen. Verfassungsfreundlich wäre die Vertretbarkeitstheorie allerdings nicht, wenn die Verfassungskonformität („*favor legis*") abzulehnen wäre. Dies ist zu bestätigen, wenn der Vertretbarkeitstheorie Verfassungsrecht entgegensteht. Das ist dann der Fall, wenn die Vertretbarkeitstheorie nicht mit dem Wortlaut einer Norm aus dem Verfassungsrecht vereinbar ist und dem Willen des Gesetzgebers widerspricht.[256]

Eine mögliche Kollision der Vertretbarkeitstheorie mit dem Verfassungsrecht bzw. dem Grundgesetz könnte sich jedoch aus der allgemeinen Handlungsfreiheit nach Art. 2 Abs. 1 GG ergeben[257]. Die allgemeine Handlungsfreiheit wurde vom Bundesverfassungsgericht[258] wegen der Notwendigkeit für die Möglichkeit der freien Entfaltung der Persönlichkeit eines Jeden bestätigt und gilt als umfassende Freiheitsgarantie.[259] Die Grenze der Handlungsfreiheit entspricht der Grenze der Legalität. Sollte also eine Handlung gegen anderes (Verfassungs-)Recht verstoßen, rechtfertigt dies einen Eingriff in die Handlungsfreiheit durch die öffentliche Gewalt.[260] Die Vertretbarkeitstheorie steht der allgemeinen Handlungsfreiheit nicht entgegen. Die Vertretbarkeitstheorie bewilligt keine gesetzeswidrigen Handlungen. Vielmehr versucht die Vertretbarkeitstheorie der jeweils betroffenen Person für Entscheidungssituationen unter unklarer Rechts- bzw. Legalitätslage einen Rahmen vorzugeben, unter welchen Umständen davon auszugehen ist, dass eine Handlungsalternative legal ist. Ein Widerspruch ist nicht erkennbar. Dafür spricht auch die große Nähe zur Business Judgement Rule, die vom Gesetzgeber in § 93 Abs. 1 S. 2 AktG kodifiziert wurde.

Noch ungeklärt bleibt die Frage, ob die Vertretbarkeitstheorie mit EU-Recht kollidiert. Einen Anhaltspunkt für eine mögliche Kollision könnte sich aus der SE-Verordnung ergeben. Diese regelt die gesellschaftsrechtlichen Grundlagen der Societas Europaea (SE), welche das europäische Pendant zur Aktiengesellschaft

---

[256] *Lüdemann*, JuS 2004, S. 28 f.; *Schäfers*, JuS 2015, S. 879; *Wiek*, WuM 2013, S. 277.
[257] Art. 20 Abs. 3 GG (Rechtsstaatsprinzip) kommt an dieser Stelle nicht in Betracht, da es hier keinen subjektiven Bezug zu Privatpersonen gibt. Adressat des Rechtsstaatsprinzips ist die öffentliche Gewalt. Vgl. BeckOK GG/*Huster/Rux*, Art. 20 Rn. 138 ff.; Maunz/Dürig/*Grzeszick*, Art. 20 VII Rn. 22 ff.
[258] Näheres zum sog. *Elfes*-Urteil unter: *BVerfG*, NJW 1957, S. 297 ff.
[259] BeckOK GG/*Lang*, Art. 2 Rn. 2; Maunz/Dürig/*Di Fabio*, Art. 2 Rn. 23; *Schröder*, JA 2016, S. 642.
[260] BeckOK GG/*Lang*, Art. 2 Rn. 29; Maunz/Dürig/*Di Fabio*, Art. 2 Rn. 21 f.; *Schröder*, JA 2016, S. 642.

darstellt. Allerdings verweist Artikel 51 SE-VO hinsichtlich der Organhaftung bei der SE auf die für die Aktiengesellschaften maßgeblichen Vorschriften im jeweiligen Sitzstaat. Die SE-Richtlinie ist hier zu vernachlässigen, da diese nur die Beteiligung der Arbeitnehmer regelt. Da schon in der SE kein einheitliches europäisches Haftungskonzept vorhanden ist, ist es auch nur logisch, dass es im gesamten europäischen Gesellschaftsrecht keine organhaftungsrechtliche Regelung gibt. Zwar gab es durchaus den Versuch, auf europäischer Ebene ein einheitliches Haftungsrecht einzuführen, allerdings scheiterte stets die Umsetzung (zuletzt durch den dritten geänderten Vorschlag einer fünften Richtlinie im Jahr 1991).[261] Diese Tatsache ist auch im Vergleich der Mitgliedstaaten und der gleichzeitigen Fülle an verschiedenen Organhaftungskonzepten mit zum Teil erheblichen Unterschieden zu erkennen.[262] Eine Kollision der Vertretbarkeitstheorie mit EU-Recht ist daher nicht ersichtlich.

Abschließend ist festzustellen, dass der Vertretbarkeitstheorie weder Verfassungsrecht noch europäisches Recht im Wege steht.

6. Zwischenfazit

Summa summarum zeigt sich, dass nur die Vertretbarkeitstheorie im Rahmen dieser Auslegung den Anforderungen der Legalitätspflicht standhält. Andererseits stellt die Vertretbarkeitstheorie wegen ihrer Nähe zur Business Judgement Rule auch den tatsächlichen Willen des Gesetzgebers dar, der die Business Judgement Rule mit der Absicht kodifizierte, dass diese auch „[...] als Anknüpfungs- und Ausgangspunkt für die weitere Rechtsentwicklung dient."[263] Somit könnte die Vertretbarkeitstheorie als ein tatsächlicher Lösungsansatz für den Umgang mit unklaren Rechtslagen bzw. einer odds' opinion, unabhängig von der tatsächlichen Realisierung, angesehen werden.

---

[261] GK AktG/*Hopt/Roth*, § 93 Rn. 692; *Habersack*, NZG 2004, S. 6; MüKoBGB/*Kindler*, Teil 10 Rn. 59.
[262] GK AktG/*Hopt/Roth*, § 93 Rn. 701.
[263] Begr. RegE UMAG, BT-Drucks. 15/5092, S. 12.

C. Lösungsansätze zur Organhaftung bei unklarer Rechtslage

Die Auslegung hat gezeigt, dass es dogmatisch richtig ist, dem Organträger bei Entscheidungen unter unklarer Rechtslage einen Ermessensspielraum einzuräumen. Abschließend bleibt allerdings ungeklärt, wie der Entscheidungsprozess des Organträgers aussehen muss, um sich rechtssicher im Bereich der Haftungsprivilegierung bewegen zu können. Zwar kann und sollte hier die Vertretbarkeitstheorie als Grundlage dienen. Allerdings wäre es nicht ausreichend zu sagen, dass die Vertretbarkeitstheorie den gesamten Prozess darstellt. Daher sollen im folgenden Abschnitt, teilweise unter Heranziehung der Vertretbarkeitstheorie, mögliche Lösungsvorschläge, die eine Prozesskontrolle für Entscheidungen unter unklarer Rechtslage umsetzen, dargestellt und abschließend kritisch gewürdigt werden. Dabei wird nicht mehr auf den Prozess bis zur Feststellung einer odd's opinion eingegangen. Es geht hier vielmehr um den Umgang mit der odds' opinion selbst.

I. Lösung: Entwicklung einer Legal Judgement Rule *de lege lata*?

Die rechtlich sicherste Möglichkeit, welche gleichzeitig die Ungewissheit auflöst, wäre ein Lösungsansatz basierend auf der aktuellen Rechtslage. Hier käme eine direkte oder analoge Anwendung des § 93 Abs. 1 S. 2 AktG auf Entscheidungen bei unklaren Rechtslagen in Frage.

1. Direkte Anwendung der Business Judgement Rule auf die unklare Rechtslage

In der Literatur anerkannt ist, dass der Tatbestand des § 93 Abs. 1 S. 2 AktG, insbesondere das Tatbestandsmerkmal „unternehmerische Entscheidung" weit auszulegen ist. Daher werden aufgrund der weiten Begriffsfassung der unternehmerischen Entscheidung *de lege lata* oftmals auch Entscheidungen unter unklarer Rechtslage unmittelbar unter das Tatbestandsmerkmal subsumiert.[264] Unternehmerische Entscheidungen sind eben nicht rechtlich gebundene

---

[264] vgl. nur *Buck-Heeb*, BB 2013, S. 2251 f.; GK AktG/*Hopt/Roth*, § 93 Rn. 83.

© Der/die Autor(en) 2021
M. Willen, *Die Business Judgement Rule*, Business, Economics, and Law, https://doi.org/10.1007/978-3-658-31322-7_3

Entscheidungen, sondern beinhalten Handlungsalternativen.[265] In Teilen der Literatur wird argumentiert, dass es sich aufgrund der rechtlichen Unsicherheit aus der *ex-ante* Sicht gerade nicht um eine rechtlich gebundene Entscheidung handele, weil dadurch Handlungsalternativen bestünden, bei denen nicht abschließend geklärt sei, welche Alternative die Rechtsprechung favorisieren würde. Daher sei es falsch, dem Organträger nur deswegen die Haftungsprivilegierung zu versagen, weil es thematisch nicht um eine finanzielle Entscheidung geht, sondern um die Auslegung einer Rechtsnorm.[266] Bestärkt wird diese Ansicht, dass Teile der Literatur aufgrund der eigenverantwortlichen Unternehmensleitung in der Aktiengesellschaft (§ 76 AktG) in Verbindung mit dem Grundgedanken der Satzungsstrenge (§ 23 Abs. 5 AktG) annehmen würden, dass alle Regelungsbereiche, die der Gesetzgeber im Aktienrecht explizit nicht ausgestaltet hat, der Unternehmensleitung zu zuordnen seien und somit auch unter die Business Judgement Rule fallen würden.[267]

Die Gegenmeinung vertritt die Auffassung, dass die Anwendung der Business Judgement Rule auf Entscheidungen unter unklarer Rechtslage der Begründung des Gesetzgebers entgegenstünden und daraus eine unzulässige Ausweitung des Tatbestandes resultieren würde. Hier wird der Beweis herangezogen, dass es laut dem Gesetzgeber *„für illegales Verhalten [...] keinen sicheren Hafen"* gäbe[268] und der Gesetzgeber auch explizit in der Begründung die unternehmerische Entscheidung von rechtlich gebundenen Entscheidung, worunter auch *„sonstige allgemeine Gesetzes- und Satzungsverstöße"*[269] fielen, abgegrenzt habe.[270] Auch *Schäfer* behauptet, dass die direkte Anwendung der Business Judgement Rule dem Willen des Gesetzgebers entgegenstünde. Es sei wesentlicher Sinn und Zweck der Business Judgement Rule, vor möglichen Rückschaufehlern zu schützen. Allerdings könne sich hinsichtlich der Auslegung der Rechtslage und den damit verbundenen Alternativen faktisch keine unterschiedliche Beurteilung der

---

[265] vgl. nur *Brock*, Legalitätsprinzip und Nützlichkeitserwägungen, S. 38; GK AktG/*Hopt/Roth*, § 93 Rn. 80; Henssler/Strohn/*Dauner-Lieb*, § 93 AktG Rn. 21; Henssler/Strohn/*Oetker*, § 43 GmbHG Rn. 27 f.; Hölters/*Hölters*, § 93 Rn. 30; Hüffer/Koch/*Koch*, § 93 Rn. 16; MHLS/*Ziemons*, § 43 Rn. 137 f.; MüKoAktG/*Spindler*, § 93 Rn. 48.
[266] *Buck-Heeb*, BB 2013, S. 2251; *Kocher*, CCZ 2009, S. 217; eine ähnliche Auffassung vertritt auch: *Bicker*, AG 2014, S. 10; *Ebbinghaus/Hasselbach*, AG 2014, S. 875.
[267] *Bachmann*, WM 2015, S. 108 f.; *Bachmann*, ZIP 2014, S. 580; *Brock*, Legalitätsprinzip und Nützlichkeitserwägungen, S.196.
[268] Begr. RegE UMAG, BT-Drucks. 15/5092, S. 11.
[269] Begr. RegE UMAG, BT-Drucks. 15/5092, S. 11.
[270] vgl. nur MüKoAktG/*Spindler*, § 93 Rn. 88; *Nietsch*, ZGR 2015, S. 642 f.

Rechtslage bei dem Entscheidungsträger und der Rechtsprechung ergeben. Sollte die unternehmerische Entscheidung aufgrund der Rechtsprechung pflichtwidrig sein, so sei die Entscheidung faktisch auch schon zum Entscheidungszeitpunkt pflichtwidrig gewesen. Auf die spätere gerichtliche Beurteilung käme es nicht an.[271]

Der 70. Deutsche Juristentag hat sich ebenfalls mit der Frage beschäftigt, ob eine ausdrückliche Kodifizierung der unklaren Rechtslage in den Tatbestand der Business Judgement Rule erfolgen soll. Eine ausdrückliche Kodifizierung wurde abgelehnt. Auf eine Äußerung hinsichtlich der *lex lata* wurde jedoch verzichtet.[272] Schlussendlich spricht dieser Verzicht jedoch argumentativ sowohl für als auch gegen die direkte Anwendung.

Die These gegen eine direkte Anwendung wegen des Widerspruchs zur Gesetzesbegründung könnte dogmatisch gelöst werden, wenn die Business Judgement Rule nicht direkt, sondern analog auf die unklare Rechtlage angewendet werden könnte.

2. Analoge Anwendung der Business Judgement Rule auf die unklare Rechtslage

Um eine Analogie jedoch bejahen zu können, bedarf es einer planwidrigen Regelungslücke hinsichtlich der Entscheidungsfindung bei unklaren Rechtslagen sowie darauf aufbauend eine vergleichbare Interessenslage zwischen den Grundideen der Literatur hinsichtlich der rechtlichen Behandlung von unklaren Rechtslagen und der Business Judgement Rule.

a) Planwidrige Regelungslücke

Es steht außer Zweifel, dass die Entscheidungsfindung unter unklarer Rechtslage nicht abschließend geklärt ist. Eine Kodifizierung oder Ähnliches sind nicht vorhanden. Ansonsten stünde diese Ausführung der Lösungsfindung auch im

---

[271] *Schäfer*, ZIP 2005, S. 1256; so auch: *Thole*, ZHR (173) 2009, S. 523.
[272] *Deutscher Juristentag*, Verhandlungen des 70. Deutschen Juristentages, S. N 62; GK AktG/*Hopt/Roth*, § 93 Rn. 27.

77

Widerspruch zur tatsächlichen Rechtslage und würde diese Arbeit größtenteils bedeutungslos machen.

b) Vergleichbare Interessenlage

Ob die Interessenslage vergleichbar ist, ist in der Literatur umstritten, wird jedoch von der Mehrheit der Literatur angenommen.[273] Von vornherein ist festzustellen, dass die Argumente für eine direkte Anwendung der Business Judgement Rule ebenfalls auf die Möglichkeit der analogen Anwendung analog anwendbar sind.[274] So ist der Zweck der Business Judgement Rule unternehmerisches Handeln, welches aufgrund des Prognosecharakters stets mit Risiken verbunden ist, zu schützen. Die Umsetzung erfolgt, indem nicht der Organträger für Schäden haftet, sondern derjenige, der auch vom Erfolg der Gesellschaft profitiert, also der Gesellschafter oder Aktionär. Die Literatur ist sich insoweit einig, dass dieser Grundsatz auch für Entscheidungen bei unklaren Rechtslagen gelten sollte, da auch hier Risiken wegen des Prognosecharakters drohen würden.[275] Generell stellt die Literatur fest, dass eine Entscheidung unter unklarer Rechtslage durchaus unter den allgemeinen Tatbestand der unternehmerischen Entscheidung subsumierbar sei.[276] Zusätzlich führt *Buck-Heeb* an, dass das Argument, dass es sich bei unklaren Rechtslagen um Fragen der Legalität handele und daher gebundene Entscheidungen seien, schon allein deswegen nicht tragbar sei. Es gäbe keinen sicheren Hafen für offenbar rechtswidriges Verhalten. Dies treffe aber nicht zu, wenn der Entscheidungsträger zwischen Handlungsalternativen unter rechtlicher Unsicherheit eine Alternative auswählen müsse.[277]

Die Gegenauffassung zieht zur Bekräftigung ihres Standpunktes die Gesetzesbegründung zum UMAG heran. Ein weiterer Zweck der Business

---

[273] vgl. nur: *Bicker*, AG 2014, S. 10; *Buck-Heeb*, BB 2013, S. 2252; *Ebbinghaus/Hasselbach*, AG 2014, S. 875; GK AktG/*Hopt/Roth*, § 93 Rn. 140; *Graewe/von Harder*, BB 2017, S. 711; MüKoAktG/*Spindler*, § 93 Rn. 89; Spindler/Stilz/*Fleischer*, § 93 Rn. 32; *Thole*, ZHR (173) 2009, S. 523.

[274] Hinsichtlich der Argumente für eine direkte Anwendung siehe: *Bicker*, AG 2014, S. 10; *Buck-Heeb*, BB 2013, S. 2251 f.; *Ebbinghaus/Hasselbach*, AG 2014, S. 875; GK AktG/*Hopt/Roth*, § 93 Rn. 83; *Kocher*, CCZ 2009, S. 217.

[275] vgl. nur *Bicker*, AG 2014, S. 10; *Buck-Heeb*, BB 2013, S. 2252; MüKoAktG/*Spindler*, § 93 Rn. 89; Spindler/Stilz/*Fleischer*, § 93 Rn. 32.

[276] *Ebbinghaus/Hasselbach*, AG 2014, S. 875; GK AktG/*Hopt/Roth*, § 93 Rn. 140; *Graewe/von Harder*, BB 2017, S. 711; *Thole*, ZHR (173) 2009, S. 523.

[277] *Buck-Heeb*, BB 2013, S. 2252 f.

Judgement Rule sei es schließlich, zum Wohle der Gesellschaft die unternehmerische Risikobereitschaft der Organträger zu fördern. Allerdings entspräche eine Entscheidung unter unklarer Rechtslage nicht diesem Zweck. Vielmehr ginge es hier darum eine generelle Haftungsbefreiung zu realisieren. Auch der Schutzzweck vor Rückschaufehlern stehe im Widerspruch zur Analogie. So ist das Kernelement dieses Schutzzweckes, dass ein Richter *ex-post* und mit weniger Fachkenntnissen in der unternehmerischen Praxis leicht zu unterschiedlichen Ansichten gegenüber dem Organträger kommen könne. Bei einer Entscheidung unter unsicherer Rechtslage würde dieses wirtschaftliche durch ein juristisches Merkmal ersetzt, wobei davon auszugehen sei, dass das Gericht zumindest auf dem gleichen Erfahrungs- und Kenntnisniveau mit dem Organträger ist.[278]

Ungeachtet dessen führt die teleologische Auslegung der Business Judgement Rule in der Literatur verbreitet zu dem Ergebnis, dass die (rechtliche) Entscheidung für eine Handlungsalternative objektiv mit der einer unternehmerischen Entscheidung im Sinne der Business Judgement Rule vergleichbar ist, weshalb eine analoge Anwendung realisierbar wäre.[279] Es bleibt abschließend fraglich, ob die Business Judgement Rule in ihrer Gesamtheit, wegen der Tatsache, dass eine Entscheidung bei unklarer Rechtslage unter den Tatbestand der unternehmerischen Entscheidung subsumiert werden kann, analog anwendbar ist. Unterstützt wird die Skepsis durch die Widersprüche zur Gesetzesbegründung.[280]

Diese Bedenken können hier allerdings ungeklärt bleiben. Denn losgelöst von der Frage der analogen Anwendbarkeit der Business Judgement Rule könnte eine Rechtsfortbildung *de lege ferenda* unter Beachtung des Meinungsstreits und den neu erworbenen Kenntnissen der Vertretbarkeitstheorie eine dogmatisch korrekte Lösung bringen, da in der Literatur zumindest Einigkeit darüber besteht, dass eine Durchbrechung der Legalitätsbindung bei Entscheidungen unter Unsicherheit notwendig ist.[281]

---

[278] *Buck-Heeb*, BB 2013, S. 2253. So auch: *Thole*, ZHR (173) 2009, S. 521 f. Gegen eine Anwenbarkeit der Business Judgement Rule als Ganzes sind auch: *Brock*, Legalitätsprinzip und Nützlichkeitserwägungen, S.199; MüKoAktG/*Spindler*, § 93 Rn. 88.
[279] *Buck-Heeb*, BB 2013, S. 2253; Hüffer/Koch/*Koch*, § 93 Rn. 19; *Verse*, ZGR 2017, S. 193.
[280] Begr. RegE UMAG, BT-Drucks. 15/5092, S. 11.
[281] *Buck-Heeb*, BB 2013, S. 2251; *Ebbinghaus/Hasselbach*, AG 2014, S. 877; *Graewe/von Harder*, BB 2017, S. 707; Spindler/Stilz/*Fleischer*, § 93 Rn. 30; *Thole*, ZHR (173) 2009, S. 521 f.

II. Lösung: Entwicklung einer Legal Judgement Rule *de lege ferenda*?

Inhaltlich gestützt wäre die Rechtsfortbildung überdies auf der Business Judgement Rule. In der dazugehörigen Gesetzesbegründung heißt es, dass „*[d]as für das Aktiengesetz zu § 93 gefundene Regelungsmuster und die Literatur und Rechtsprechung dazu [...] als Anknüpfungs- und Ausgangspunkt für die weitere Rechtsentwicklung dienen [können].*"[282]

Von Natur aus Voraussetzung der Rechtsfortbildung ist die Berücksichtigung des Status Quo. Hier sollen zum einen die Business Judgement Rule als Maßstab und Anknüpfungspunkt und zum anderen die aktuelle Rechtsprechung unter Heranziehung der Grundsätze der Vertretbarkeitstheorie dienen.

Dogmatisch losgelöst von der Business Judgement Rule könnte durch die Festsetzung der Vertretbarkeitstheorie als Kontrollinstrument für Entscheidungen unter unklarer Rechtslage der bisherige Meinungsstreit über die Anwendbarkeit der Business Judgement Rule geklärt werden. Denn die Vertretbarkeitstheorie ist weder eine analoge noch direkte Anwendung der Business Judgement Rule. Vielmehr wurde die Business Judgement Rule als Hilfestellung verwendet, um dem gesetzgeberischen Organhaftungsregime zu entsprechen. Dadurch konnte innerhalb der Auslegung dieser Arbeit festgestellt werden, dass die Vertretbarkeitstheorie sowohl dem wortwörtlichen als auch objektiven Willen des Gesetzgebers entspricht, ohne gleichzeitig mit anderem geltenden Recht zu kollidieren.[283] Die Frage hinsichtlich der Dogmatik und inwiefern die Vertretbarkeitstheorie dem gesetzgeberischen Willen entspricht erübrigt sich daher. Ein weiterer Vorteil der Vertretbarkeitstheorie ist, dass diese dem Organträger den von der Literatur überwiegend unstrittig verlangten Ermessensspielraum zur Entscheidung unter Rechtsunsicherheit zuspricht. Auch die Weite des Ermessensspielraumes ist in beiden Fällen weit zu fassen und durch die mögliche Etablierung der beweglichen Ermessensschranke den Umständen entsprechend im Einzelfall zu betrachten.

---

[282] Begr. RegE UMAG, BT-Drucks. 15/5092, S. 12.
[283] Hinsichtlich der Vertretbarkeitstheorie im Allgemeinen vgl. hierzu S. 45 ff. Hinsichtlich der Auslegung der Legalitätspflicht und der Bestätigung der Vertretbarkeitstheorie vgl. v.A. S. 72.

Im Ergebnis liegt faktisch und bezogen auf die Praxis kein Unterschied zwischen der Business Judgement Rule und der Vertretbarkeitstheorie vor, weshalb der Terminus „Legal Judgement Rule" zwar nicht wortwörtlich, aber im Kontext durchaus vertretbar wäre.

Zusammenfassend zeigt sich, dass die Vertretbarkeitstheorie das Dilemma der direkten oder analogen Anwendung der Business Judgement Rule auf Entscheidungen unter unklaren Rechtslagen löst, indem die Business Judgement Rule nur als Anknüpfungspunkt dient. Aus der Gesetzesbegründung zu § 93 Abs. 1 S. 2 AktG ergibt sich, dass die Anknüpfung und darauf aufbauende Rechtsfortbildungen nicht nur gewährt, sondern gewollt wird. Ein Widerspruch zum objektiven Willen des Gesetzgebers ist also nicht ersichtlich. Gleichzeitig erfüllt die Vertretbarkeitstheorie auch die von der überwiegenden Literatur verlangte Durchbrechung der Legalitätspflicht und Haftungsprivilegierung der Entscheidungsträger durch die Anwendung eines Ermessensspielraumes bei Entscheidungen unter Rechtsunsicherheit. Abschließend ist hier ebenfalls festzustellen, dass so die Durchführung einer Prozesskontrolle bei unklaren Rechtslagen und gleichzeitig eine Verortung des Beurteilungsspielraumes vom Verschulden hin zur Pflichtwidrigkeit möglich wäre.

III. Lösung: Status Quo als ausreichender Schutz

Im Umkehrschluss stellt dies dann allerdings auch einen Widerspruch zur aktuellen Rechtsprechung und Teilen der Literatur dar, die den Beurteilungsspielraum innerhalb des Verschuldens sehen. Danach sei die Entscheidung unter unklarer Rechtslage lediglich ein Haftungsproblem, welches es besser auf der Verschuldensebene zu klären gilt.[284] Eine ähnliche Auffassung liefert auch die Regierungsbegründung. Danach kann *„im Sinne einer haftungstatbestandlichen Freistellung [...] es [...] hier im Einzelfall aber am Verschulden fehlen."*[285] Nach dem Ansatz der Lösung auf der Verschuldensebene wäre bei einer Entscheidung

---

[284] *Binder*, AG 2012, S. 890, 895; *Buck-Heeb*, BB 2013, S. 2254; Hüffer/Koch/*Koch*, § 93 Rn. 19; MüKoAktG/*Spindler*, § 93 Rn. 89; Spindler/Stilz/*Fleischer*, § 93 Rn. 32. Die Argumentation der Literatur basiert dabei stets auf dem von der Rechtsprechung in Sachen ISION entwickelten Schema: *BGH*, NZG 2011, S. 1272 f.; *BGH*, NZG 2015, S. 794 f.
[285] Begr. RegE UMAG, BT-Drucks. 15/5092, S. 11.

unter Rechtsunsicherheit, die sich nachträglich durch die Rechtsprechung als falsch herausstellt, stets die vorsätzliche Pflichtwidrigkeit zu bestätigen, denn der Entscheidungsträger hat wissentlich und gewollt die Entscheidung getroffen und durchgeführt. Erst auf der Ebene des Verschuldens wäre dann eine Haftung des Entscheidungsträgers bei unklarer Rechtslage abzulehnen, wenn der Entscheidungsträger sich im Verbotsirrtum über die unklare Rechtslage befunden hätte.[286] Für die Erfüllung des Tatbestandes des Verbotsirrtums wird vom BGH vorausgesetzt, dass „[...] der Täter alle seine geistigen Erkenntniskräfte [einsetzt] und etwa aufkommende Zweifel [...] durch Einholung [eines] verlässlichen und sachkundigen Rechtsrats beseitigt [...]. [...] [Die] Auskunft selbst muss zudem einen unrechtsverneinenden Inhalt haben."[287]

Insofern besteht zwar auch hier ein Beurteilungsspielraum des Entscheidungsträgers, welcher durch einen fundierten Rechtsrat bestätigt werden muss. Die Konsequenz einer gerichtlichen Gegenentscheidung bei unklarer Rechtslage ist jedoch zu allererst die Pflichtwidrigkeit des Organträgers, welche wiederum andere Rechtsfolgen hervorbringen könnte. Zwar gibt es Stimmen in der Literatur, die andere mögliche Rechtsfolgen, wie die Abberufung des Organträgers oder die Möglichkeit der Anfechtung des Entlastungsbeschlusses, verneinen,[288] allerdings gibt es dazu auch gegenteilige Auffassungen[289]. Eine abschließende Aussage kann aus diesem Grund nicht getroffen werden, weshalb das Risiko für den Organträger hier vorsorglich stehen bleiben muss. Dessen ungeachtet bleibt die Möglichkeit bestehen, dieses Risiko durch den Abschluss einer D&O-Versicherung faktisch einzuschränken bzw. bedeutungslos zu gestalten, indem der tatsächliche Schaden, bis auf den Selbstbehalt, von der Versicherungsgesellschaft getragen wird.[290] Allerdings bleibt dabei die Pflichtwidrigkeit dogmatisch erhalten, weshalb dieser

---

[286] *Buck-Heeb*, BB 2013, S. 2252; *Ebbinghaus/Hasselbach*, AG 2014, S. 874; Lackner/Kühl/*Kühl*, § 17 Rn. 7; Schönke/Schröder/*Sternberg-Lieben/Schuster*, § 17 Rn. 1; Spindler/Stilz/*Hefendehl*, § 399 Rn. 271.

[287] *BGH*, NStZ 2017, S. 284. Darauf aufbauend: MAH AktienR /*Ritter/Schüppen*, § 24 Rn. 164.

[288] vgl. nur *Binder*, AG 2012, S. 887 f.; *Buck-Heeb*, BB 2013, S. 2254; *Paefgen*, AG 2014, S. 559 f.; *Verse*, ZGR 2017, S. 192.

[289] vgl. nur GK AktG/*Hopt/Roth*, § 93 Rn. 140; *Holle*, AG 2016, S. 271; Spindler/Stilz/*Fleischer*, § 93 Rn. 32.

[290] Zur D&O-Versicherung im Allgemeinen vgl. S. 35 f. Ansonsten: *Cyrus*, NZG 2018, S. 9; Grigoleit/*Grigoleit/Tomasic*, § 93 Rn. 95; Hölters/*Hölters*, § 93 Rn. 398; 401; Hüffer/Koch/*Koch*, § 93 Rn. 58.

Ansatz, aufgrund der Bedeutung für diese Arbeit, an dieser Stelle außer Acht zu lassen ist.

Zudem wird die Lösung des Konflikts auf der Verschuldensebene dogmatisch nicht sauber gelöst. Der Entscheidungs- und Organträger würde danach in Fällen der Rechtsunsicherheit vollkommen losgelöst von seinem Verhalten und Vorgehen immer pflichtwidrig handeln, wenn er eine Handlungsalternative wählt, die nicht der später folgenden Rechtsprechung entspricht. Denn die gewählte Rechtsansicht bzw. Handlungsalternative muss einen unrechtsverneinenden Inhalt haben. Allerdings ist dies gerade bei Entscheidungen unter Rechtsunsicherheit oft nicht möglich. Zugleich wird die Wahrscheinlichkeit der späteren Auswahl einer Rechtsansicht durch die Rechtsprechung vollkommen außer Acht gelassen. Das bedeutet, dass der Entscheidungsträger zuvor sich noch so sicher sein kann, dass die Rechtsprechung eine Meinung nicht annimmt. Falls sich das im Nachhinein als falsch herausstellen sollte, kann man objektiv gegen den Entscheidungsträger argumentieren, dass er sich eben doch nicht im Verbotsirrtum befand. Einen Schutzmechanismus für den Entscheidungsträger, wie die „*hindsight bias*", gibt es im Strafrecht nicht. Da die eigentliche Handlung des Entscheidungsträgers zu seiner Auswahl folglich unbeachtet bleibt, werden Parallelen zu einer Erfolgshaftung erkennbar. Jedoch ist der objektive Wille des Gesetzgebers gerade nicht der Fokus auf den Erfolg, sondern auf der Handlung, die zum Erfolg führte.

Es gilt zu resümieren, dass objektiv betrachtet der Status Quo zwar eine Haftungsprivilegierung des Organträgers bei Entscheidungen unter unklarer Rechtslage ermöglicht. Jedoch zeigt der Status Quo wesentliche Defizite auf. Durch die Verortung des Beurteilungsspielraumes in das Verschulden und der damit verbundenen Tatbestandsverwirklichung der Rechtswidrigkeit bleibt ein Risiko bestehen, dass der Organträger mit weiteren rechtlichen Konsequenzen zu rechnen hat. Beispielhaft ist hier die Abberufung oder die Anfechtung des Entlastungsbeschlusses zu nennen. Gleichzeitig birgt die Tatsache, dass keine klare Grenze der Haftungsprivilegierung bei Entscheidungen unter Rechtsunsicherheit erkennbar ist, Risiken für den Entscheidungsträger. Beide Risiken resultieren vor allem aus der unsauberen Dogmatik durch die Verortung des Beurteilungsspielraumes.

IV. Zwischenfazit: Stellungnahme zu den Lösungsansätzen

Die derzeitige Rechtsunsicherheit hinsichtlich Entscheidungen unter Rechtsunsicherheit und die damit verbundene Haftungsproblematik ist insofern von allen Lösungsansätzen festgestellt worden, als das jeder Ansatz eine Lösung durch Etablierung eines Beurteilungsspielraumes zu finden versucht.

Sowohl die direkte als auch die analoge Anwendung der Business Judgement Rule sind in der Literatur berechtigterweise umstritten. Es gibt sowohl vertretbare Argumente für als auch gegen eine direkte bzw. analoge Anwendung der Business Judgement Rule auf Entscheidungen unter unsicherer Rechtslage. Im Vergleich zwischen der direkten und der analogen Anwendung ist dogmatisch die analoge Anwendung vorzugswürdig, da so ein Widerspruch mit der Gesetzesbegründung vermieden werden kann. Dessen ungeachtet sind beide Theorien in der Literatur umstritten. Weder der Deutsche Juristentag noch die Rechtsprechung oder der Gesetzgeber selbst haben sich bisher konkret zu dem in der Literatur herrschenden Meinungsstreit geäußert. Um eine der beiden Lösungsansätze jedoch vertretbar durchsetzen zu können, müsste über deren Anwendbarkeit Einigkeit bestehen, die so nur durch die Rechtsprechung oder den Gesetzgeber selbst erzielt werden kann. Solange dies nicht geschehen ist, sind beide Theorien abzulehnen. Ansonsten bleibt die Gefahr von erheblichen Rechtsrisiken für die Organträger bestehen.
Nichtsdestotrotz ist beiden Theorien eine wesentliche Erkenntnis zu entnehmen. Sowohl die analoge als auch die direkte Anwendung verlangen eine Durchbrechung der Legalitätsbindung durch Festsetzung eines Beurteilungsspielraumes für den Entscheidungsträger. Diese Vorgehensweise entspricht dem Ansatz der Business Judgement Rule und ist daher dogmatisch sinnvoll und in der Literatur auch unbestritten.

Der gegenwärtige Lösungsansatz durchbricht zwar die Legalitätsbindung des Entscheidungsträgers, indem ein Beurteilungsspielraum gewährt wird, allerdings wird dieser Beurteilungsspielraum in die Ebene des Verschuldens verortet, wodurch Rechtsrisiken beim Entscheidungträger bestehen bleiben. Da der hier gesuchte Lösungsansatz aber gerade eine Haftungsprivilegierung des Entscheidungsträgers bei Einhaltung eines bestimmten Prozesses regeln soll, ist eine dementsprechende Anwendung fraglich. Zudem bleibt für den Entscheidungsträger auch ungeklärt, wie sein Verhalten praktisch prozessual aussehen müsste, um sich im Bereich des Beurteilungsspielraumes zu bewegen. Insofern ist diese Theorie auch nicht hilfreich hinsichtlich des Ziels dieser Arbeit.

Somit bleibt nur der Lösungsansatz durch Rechtsfortbildung übrig, indem die Vertretbarkeitstheorie, *de facto als Legal Judgement Rule*, zur Lösung herangezogen wird. Da die Vertretbarkeitstheorie dem gesetzgeberischen Willen entspricht, indem sie objektiv in weiten Teilen mit der Business Judgement Rule übereinstimmt und auch in keinem unmittelbaren Bezug zu geltendem Recht steht, gibt es dogmatisch zunächst keine Einwände. Die Auslegung in dieser Arbeit hat gezeigt, dass keine rechtsdogmatischen Widersprüche dieser Theorie erkennbar sind. Zudem durchbricht die Vertretbarkeitstheorie ebenfalls die Strenge der Legalitätspflicht, indem dem Entscheidungsträger ein Beurteilungsspielraum, ähnlich wie der der Business Judgement Rule, zugesprochen wird. Wesentlicher Vorteil gegenüber der gegenwärtigen Rechtslage ist, dass der Beurteilungsspielraum schon innerhalb der Pflichtwidrigkeit selbst ansässig ist. Weitere Risiken des Entscheidungsträgers sind dadurch grundsätzlich ausgeschlossen. Gleichzeitig entspricht es dogmatisch eher der gesetzgeberisch gewollten handlungsorientierten Haftungssystematik.

Gegen diesen Lösungsansatz wiederum spricht, dass der derzeitige Literatur- und Rechtsprechungsstand im Bereich der Vertretbarkeitstheorie übersichtlich und vage ist. Zwar gibt es vereinzelt Bezugnahmen und Ausführungen zu der Vertretbarkeitstheorie[291], eine tatsächliche Festlegung als Lösungsansatz bleibt derzeit aber aus. Abschließend ungeklärt bleibt daher auch die tatsächliche Rechtsgrundlage. Fraglich ist daher, ob und inwiefern der Vertretbarkeitstheorie tatsächlich zukünftig eine praktische Bedeutung als Lösungsansatz für Entscheidungen unter Rechtsunsicherheit zugesprochen wird. Allerdings fokussiert sich diese Arbeit auf die theoretische Anwendbarkeit der Vertretbarkeitstheorie. Eine Ablehnung aufgrund des geringen Kenntnis- und Forschungsstand in der Wissenschaft wäre daher nicht zielführend.

---

[291] Hier ist vor allem die in dieser Arbeit herangezogene Literatur zur Vertretbarkeitstheorie zu nennen: *Brock*, Legalitätsprinzip und Nützlichkeitserwägungen, S. 204; *Buck-Heeb*, BB 2013, S. 2250; *Graewe/von Harder*, BB 2017, S. 710 f.; *Langenbucher*, ZBB 2013, S. 22; Spindler/Stilz/*Fleischer*, § 93 Rn. 30; *Thole*, ZHR (173) 2009, S. 522 f.

Gemäß dieser Arbeit bleibt rein objektiv die Vertretbarkeitstheorie die sinnvollste und dogmatisch schlüssigste Theorie zur Behandlung von Entscheidungen unter Rechtsunsicherheit.

D. Fazit des Verfassers

Innerhalb dieser Arbeit galt es herauszufinden, inwiefern eine Haftungsprivilegierung des Organträgers bei Entscheidungen unter unsicherer Rechtslage durch eine Prozesskontrolle nach § 93 Abs. 1 S. 2 AktG realisierbar ist. Eine mögliche Anwendung des § 93 Abs. 1 S. 2 AktG sollte der aktuellen Rechtslage, die einen Verbotsirrtum des Entscheidungsträgers anstrebt, entgegengehalten werden, damit eine Pflichtverletzung des Organträgers sich nicht alleine durch eine gerichtliche Entscheidung, die der Auffassung des Rechtsrats bzw. des Organträgers widerspricht, verwirklicht.

Eine unmittelbare Anwendbarkeit des gesamten § 93 AktG auf Entscheidungen unter Rechtsunsicherheit ist abschließend wegen der Rechtsunsicherheit aufgrund der widersprüchlichen herrschenden Meinung in der Literatur und der widersprüchlichen Gesetzesbegründung zum UMAG zu verneinen. Trotzdem ist der objektive Wille des Gesetzgebers in § 93 AktG unter Beachtung des § 134 BGB durch eine entsprechende Auslegung erkennbar. Es zeigt sich, dass die allgemeinen Grundsätze des gesetzgeberischen Haftungsregimes gleichfalls auf die organrechtliche Haftung zu übertragen sind. Das bedeutet, dass auch bei Entscheidungen unter Rechtsunsicherheit der Fokus auf der Handlung liegen muss. Daher macht eine Rechtsfortbildung, die die Anwendung der Vertretbarkeitstheorie befürwortet, dogmatisch durchaus Sinn. Da die Vertretbarkeitstheorie jedoch nur die rechtliche Behandlung der odds' opinion regelt, ist ebenfalls auf den Prozess zur Feststellung der odds' opinion einzugehen. Allerdings herrscht hier Einigkeit. Die Vermutung sowie die Feststellung einer odds' opinion bedarf grundsätzlich eines angemessenen Rechtsrats. Unter Heranziehung der Vertretbarkeitstheorie ergibt sich *in conclusio* eine Prozesskontrolle, die auf die Handlung des Entscheidungsträgers bei unsicheren Rechtslagen fokussiert. Gegenüber dem rechtlichen Status Quo könnte auch der Beurteilungsspielraum von gegenwärtig dem Verschulden auf die Pflichtverletzung verortet werden.

Summa summarum befindet sich die mit dieser Arbeit bezweckte Rechtsfortbildung durch Auslegung der Legalitätspflicht zwar nicht, wie ursprünglich angenommen, unmittelbar in der zentralen Organhaftungsnorm des § 93 AktG. Demungeachtet ist eine dogmatisch logische Möglichkeit der Rechtsfortbildung entwickelt worden,

M. Willen, *Die Business Judgement Rule*, Business, Economics, and Law, https://doi.org/10.1007/978-3-658-31322-7_4

die die in dieser Arbeit festgestellten Problematiken der aktuellen Rechtslage würdigt.

Schrifttumsverzeichnis

Ambos, Kai	Ernst Belings Tatbestandslehre und unser heutiger „postfinalistischer" Verbrechensbegriff In: JA 2007, S. 1 ff. Zitiert als: *Ambos*, JA 2007, S.
Asmus, Thomas / Werneburg, Martin	Cum/Ex-Geschäfte: Die Verjährungsfrage In: DStR 2018, S. 1527 ff. Zitiert als: *Asmus/Werneburg*, DStR 2018, S.
Bachmann, Gregor	Anmerkungen von Gregor Bachmann: Haftung des AG-Vorstands wegen Einrichtung eines mangelhaften Compliance-Systems zur Verhinderung von Schmiergeldzahlungen („Siemens") In: ZIP 2014, S. 570 ff. Zitiert als: *Bachmann*, ZIP 2014, S.
Bachmann, Gregor	Reformbedarf bei der Business Judgement Rule? In: ZHR (177) 2013, S. 1 ff. Zitiert als: *Bachmann*, ZHR (177) 2013, S.
Bachmann, Gregor	Zehn Thesen zur deutschen Business Judgment Rule In: WM 2015, S. 105 ff. Zitiert als: *Bachmann*, WM 2015, S.
Bamberger, Heinz Georg / Hau, Wolfgang / Poseck, Roman / Roth, Herbert (Herausgeber)	BeckOK BGB, 51. Edition, 2019 Zitiert als: BeckOK BGB/*Bearbeiter*, § Rn.
Baumbach, Adolf (Begründer) / Hueck, Alfred	Gesetz betreffend die Gesellschaften mit beschränkter Haftung, 22. Auflage, 2019 Zitiert als: Baumbach/Hueck/*Bearbeiter*, § Rn.
Baums, Theodor	Risiko und Risikosteuerung im Aktienrecht

© Der/die Autor(en) 2021
M. Willen, *Die Business Judgement Rule*, Business, Economics, and Law, https://doi.org/10.1007/978-3-658-31322-7

In: ZGR 2011, S. 218 ff.

Zitiert als: *Baums*, ZGR 2011, S.

Bayer, Walter / Scholz, Philipp	Haftungsbegrenzung und D&O-Versicherung im Recht der aktienrechtlichen Organhaftung – Grundsatzüberlegungen zum 70. DJT 2014 In: NZG 2014, S. 926 ff. Zitiert als: *Bayer/Scholz*, NZG 2014, S.
Bayer, Walter / Scholz, Philipp	Organhaftung wegen Nichtdurchsetzung von Ansprüchen der Gesellschaft – Pflichtenlage, Verjährung, Gesamtschuld In: NZG 2019, S. 201 ff. Zitiert als: *Bayer/Scholz*, NZG 2019, S.
Beckmann, Martin / Durner, Wolfgang / Mann, Thomas / Röckinghausen, Marc (Herausgeber)	Umweltrecht – Kommentar, Band 1, 90. Ergänzungslieferung, 2019 Zitiert als: Landmann/Rohmer UmweltR/*Bearbeiter*, § Gesetz Rn.
Berger, Andreas / Wighardt, Nils Christian	Angemessenheit von Vorstandsvergütungen und Beschränkung der steuerlichen Absetzbarkeit In: NZG 2017, S. 1370 Zitiert als: *Berger/Wighardt*, NZG 2017, S.
Bicker, Eike	Compliance – organisatorische Umsetzung im Konzern In: AG 2012, S. 542 ff. Zitiert als: *Bicker*, AG 2012, S.
Bicker, Eike	Legalitätspflicht des Vorstands – ohne Wenn und Aber? In: AG 2014, S. 8 ff. Zitiert als: *Bicker*, AG 2014, S.
Biederbick, Jörn / Junker, Claudia	Die Unabhängigkeit des Unternehmensjuristen – Dürfen Organmitglieder auf den Rat der Rechtsabteilung hören?

In: AG 2012, S. 898 ff.

Zitiert als: *Biederbick/Junker*, AG 2012, S.

Binder, Jens-Hinrich	Anforderungen an Organentscheidungsprozesse in der neueren höchstrichterlichen Rechtsprechung – Grundlagen einer körperschaftsrechtlichen Entscheidungslehre? In: AG 2012, S. 885 ff. Zitiert als: *Binder*, AG 2012, S.
Binder, Jens-Hinrich	Mittelbare Einbringung eigener Aktien als Sacheinlage und Informationsgrundlagen von Finanzierungsentscheidungen in Vorstand und Aufsichtsrat In: ZGR 2012, S. 757 ff. Zitiert als: *Binder*, ZGR 2012, S.
Binder, Jens-Hinrich	Staatshaftung für fehlerhafte Bankenaufsicht gegenüber Bankeinlegern? – Verfassungs- und aufsichtsrechtliche Überlegungen nach der Entscheidung des Bundesgerichtshofs vom 20.1.2005 (WM 2005, 369) In: WM 2005, S. 1781 ff. Zitiert als: *Binder*, WM 2005, S.
Blank, Michael / Jehke, Christian	„Cum/Ex-Geschäfte" mit inländischer Depotbank auf Verkäuferseite: Vorrang der Haftung vor der Rücknahme der Anrechnungsverfügung? In: DStR 2017, S. 905 ff. Zitiert als: *Jehke/Blank*, DStR 2017, S.
Blasche, Sebastian	Die Anwendung der Business Judgement Rule bei Kollegialentscheidungen und Vorliegen eines Interessenkonflikts bei einem der Vorstandsmitglieder In: AG 2010, S. 692 ff. Zitiert als: *Blasche*, AG 2010, S.
Brock, Karl	Legalitätsprinzip und Nützlichkeitserwägungen, 2017

	Zitiert als: *Brock*, Legalitätsprinzip und Nützlichkeitserwägungen, S.
Bruns, Jan	Vorteilsanrechnung beim Schadensersatz für abgasmanipulierte Diesel-Fahrzeuge
	In: NJW 2019, S. 801 ff.
	Zitiert als: *Bruns*, NJW 2019, S.
Buck-Heeb, Petra	Die Haftung von Mitgliedern des Leitungsorgans bei unklarer Rechtslage – Notwendigkeit einer Legal Judgment Rule?
	In: BB 2013, S. 2247 ff.
	Zitiert als: *Buck-Heeb*, BB 2013, S.
Bunnemann, Jan / Holzborn, Timo	Änderungen im AktG durch den Regierungsentwurf für das UMAG
	In: BKR 2005, S. 51 ff.
	Zitiert als: *Bunnemann/Holzborn*, BKR 2005, S.
Burandt, Wolfgang / Rojahn, Dieter (Herausgeber)	Beck'sche Kurz Kommentare – Erbrecht, Band 65, 3. Auflage, 2019
	Zitiert als: Burandt/Rojahn/*Bearbeiter*, § Gesetz Rn.
Cyrus, Rolf	Neue Entwicklungen in der D&O-Versicherung
	In: NZG 2018, S. 7 ff.
	Zitiert als: *Cyrus*, NZG 2018, S.
Decker, Andreas	Organhaftung und Expertenrat – Umfang und Grenzen einer Haftungsvermeidung durch fachkundige Expertise
	In: GmbHR 2014, S. 72 ff.
	Zitiert als: *Decker*, GmbHR 2014, S.
Diekmann, Hans / Fleischmann, Dermot	Umgang mit Interessenkonflikten in Aufsichtsrat und Vorstand der Aktiengesellschaft
	In: AG 2013, S. 141 ff.

	Zitiert als: *Diekmann/Fleischmann*, AG 2013, S.
Dinkel, Renate / Kock, Martin	Die zivilrechtliche Haftung von Vorständen für unternehmerische Entscheidungen – Die geplante Kodifizierung der Business Judgement Rule im Gesetz zur Unternehmensintegrität und Modernisierung des Anfechtungsrechts In: NZG 2004, S. 441 ff. Zitiert als: *Dinkel/Kock*, NZG 2004, S.
Dreher, Meinrad	Die selbstbeteiligungslose D&O-Versicherung in der Aktiengesellschaft In: AG 2008, S. 429 ff. Zitiert als: *Dreher*, AG 2008, S.
Ebbinghaus, Felix / Hasselbach, Kai	Anwendung der Business Judgement Rule bei unklarer Rechtslage In: AG 2014, S. 873 ff. Zitiert als: *Ebbinghaus/Hasselbach*, AG 2014, S.
Eisenhardt, Ulrich / Wackerbarth, Ulrich	Gesellschaftsrecht II – Recht der Kapitalgesellschaften, 1. Auflage, 2013 Zitiert als: *Eisenhardt/Wackerbarth*, § Rn.
Eisgruber, Thomas / Spengel, Christoph	Die nicht vorhandene Gesetzeslücke bei Cum/Ex-Geschäften In: DStR 2015, S. 785 ff. Zitiert als: *Eisgruber/Spengel*, DStR 2015, S.
Epping, Volker / Hillgruber, Christian (Herausgeber)	BeckOK Grundgesetz, 41. Edition, 2019 Zitiert als: BeckOK GG/*Bearbeiter*, Art. Rn.
von Falkenhausen, Joachim	Die Haftung außerhalb der Business Judgement Rule – Ist die Business Judgement Rule ein Haftungsprivileg für Vorstände? In: NZG 2012, S. 644 ff Zitiert als: *Falkenhausen*, NZG 2012, S.

Faßbender, Paul-Otto	18 Jahre ARAG Garmenbeck – und alle Fragen offen? In: NZG 2015, S. 501 ff. Zitiert als: *Faßbender*, NZG 2015, S.
Fischbach, Jonas / Löbbe, Marc	Die Business Judgment Rule bei Kollegialentscheidungen des Vorstands In: AG 2014, S. 717 ff. Zitiert als: *Fischbach/Löbbe*, AG 2014, S.
Fleischer, Holger	Aktienrechtliche Compliance-Pflichten im Praxistest: Das Siemens/Neubürger-Urteil des LG München I In: NZG 2014, S. 321 ff. Zitiert als: *Fleischer*, NZG 2014, S.
Fleischer, Holger	Aktuelle Entwicklungen der Managerhaftung In: NJW 2009, S. 2337 ff. Zitiert als: *Fleischer*, NJW 2009, S.
Fleischer, Holger	Corporate Compliance im aktienrechtlichen Unternehmensverbund In: CCZ 2008, S. 1 ff. Zitiert als: *Fleischer*, CCZ 2008, S.
Fleischer, Holger	Das unternehmerische Ermessen des GmbH-Geschäftsführers und seine GmbH-spezifischen Grenzen In: NZG 2011, S. 521 ff. Zitiert als: *Fleischer*, NZG 2011, S.
Fleischer, Holger	Der Zusammenschluss von Unternehmen im Aktienrecht – Aktienrechtliche Problemfelder bei M&A-Transaktionen In: ZHR (172) 2008, S. 538 ff. Zitiert als: *Fleischer*, ZHR (172) 2008, S.

Fleischer, Holger	Die „Business Judgment Rule": Vom Richterrecht zur Kodifizierung In: ZIP 2004, S. 685 ff. Zitiert als: *Fleischer*, ZIP 2004, S.
Fleischer, Holger	Die Geschäftschancenlehre im Recht der BGB-Gesellschaft – Von der corporate opportunities zur partnership opportunities doctrine In: NZG 2013, S. 361 ff. Zitiert als: *Fleischer*, NZG 2018, S.
Fleischer, Holger	Ehrbarer Kaufmann – Grundsätze der Geschäftsmoral – Reputationsmanagement: Zur „Moralisierung" des Vorstandsrechts und ihren Grenzen In: DB 2017, S. 2015 ff. Zitiert als: *Fleischer*, DB 2017, S.
Fleischer, Holger (Herausgeber)	Handbuch des Vorstandsrechts, 1. Auflage, 2006 Zitiert als: Fleischer/*Bearbeiter*, § Rn.
Fleischer, Holger	Kartellrechtsverstöße und Vorstandsrecht In: BB 2008, S. 1070 ff. Zitiert als: *Fleischer*, BB 2008, S.
Fleischer, Holger	Kompetenzüberschreitungen von Geschäftsleitern im Personen- und Kapitalgesellschaftsrecht Schaden rechtmäßiges Alternativverhalten – Vorteilsausgleichung In: DStR 2009, S. 1204 ff. Zitiert als: *Fleischer*, DStR 2009, S.
Fleischer, Holger	Vorstandshaftung und Vertrauen auf anwaltlichen Rat In: NZG 2010, S. 121 ff. Zitiert als: *Fleischer*, NZG 2010, S.

Fleischer, Holger	Zur organschaftlichen Treuepflicht der Geschäftsleiter im Aktien- und GmbH-Recht In: WM 2003, S. 1045 ff. Zitiert als: *Fleischer*, WM 2003, S.
Florstedt, Tim	Cum/cum-Geschäfte und Vorstandshaftung – Rechtsirrtum und Rechtszweifel bei „saisonaler Aktienarbitrage" In: NZG 2018, S. 485 ff. Zitiert als: *Florstedt*, NZG 2018, S.
Florstedt, Tim	Cum/Ex-Geschäfte und Vorstandshaftung – Zur Reichweite des Vertrauensschutzes beim Rechtsirrtum In: NZG 2017, S. 601 ff Zitiert als: *Florstedt*, NZG 2017, S.
Friedrich, Lutz	Die Grenzen politischer Kunst im Kampf gegen verfassungsfeindliches Gedankengut – Zum Konflikt der Kunstfreiheit mit den Persönlichkeitsrechten von Politikern am Beispiel der Protestaktion vor dem Privathaus des AfD-Politikers Höcke In: AfP 2018, S. 479 ff. Zitiert als: *Friedrich*, AfP 2018, S.
Fritz, Hans-Joachim	Haftungsbegrenzung bei Führungskräften In: NZA 2017, S. 673 ff. Zitiert als: *Fritz*, NZA 2017, S.
Geserich, Stephan	Auslegung und Rechtsfortbildung In: DStR-Beih 2011, S. 59 ff. Zitiert als: *Geserich*, DStR-Beih 2011, S.
Goette, Constantin / Goette, Maximilian	Managerhaftung: Abgrenzung unternehmerischer Entscheidungen nach Maßgabe der Business Judgement Rule von pflichtverletzendem Handeln In: DStR 2016, S. 815 ff.

	Zitiert als: *Goette/Goette*, DStR 2016, S.
Goette, Wulf	Grundsätzliche Verfolgungspflicht des Aufsichtsrats bei sorgfaltswidrig schädigendem Verhalten im AG-Vorstand? In: ZHR (176) 2012, S. 588 ff. Zitiert als: *Goette*, ZHR (176) 2012, S.
Goette, Wulf / Habersack, Mathias / Kalss, Susanne (Herausgeber)	Münchener Kommentar zum Aktiengesetz, Band 2, 5. Auflage, 2019 Zitiert als: MüKoAktG/*Bearbeiter*, § Rn.
Goette, Wulf / Fleischer, Holger (Herausgeber)	Münchener Kommentar zum GmbHG, Band 2, 3. Auflage, 2019 Zitiert als: MüKoGmbHG/*Bearbeiter*, § Rn.
Graewe, Daniel / von Harder, Stephan	Enthaftung der Leitungsorgane durch Einholung von Rechtsrat bei unklarer Rechtslage – Eine Handreichung für unternehmerische Entscheidungen In: BB 2017, S. 707 ff. Zitiert als: *Graewe/von Harder*, BB 2017, S.
Greubel, Marco / Wiedmann, Michael	Compliance Management Systeme – Ein Beitrag zur effektiven und effizienten Ausgestaltung In: CCZ 2019, S. 88 ff. Zitiert als: *Greubel/Wiedmann*, CCZ 2019, S.
Grigoleit, Hans Christoph (Herausgeber)	Aktiengesetz – Kommentar, 1. Auflage, 2013 Zitiert als: Grigoleit/*Bearbeiter*, § Rn.
Grunewald, Barbara / Maier-Reimer, Georg / Westermann, Peter (Herausgeber)	Erman BGB Bürgerliches Gesetzbuch, Handkommentar mit AGG, EGBGB (Auszug), ErbbauRG, HausratsVO, LPartG, ProdHaftG, UKlaG, VAHRG und WEG, 15. Auflage, 2017 Zitiert als: Erman BGB/*Bearbeiter*, § Rn.
Gummert, Hans (Herausgeber)	Münchener Anwaltshandbuch – Personengesellschaftsrecht, 3. Auflage, 2019

Zitiert als: MAH PersGesR/*Bearbeiter*, § Rn.

Habersack, Mathias	Europäisches Gesellschaftsrecht im Wandel – Bemerkungen zum Aktionsplan der EG-Kommission betreffend die Modernisierung des Gesellschaftsrechts und die Verbesserung der Corporate Governance in der Europäischen Union In: NZG 2004, S. 1 ff. Zitiert als: *Habersack*, NZG 2004, S.
Habersack, Mathias	Perspektiven der aktienrechtlichen Organhaftung In: ZHR (177) 2013, S. 782 ff. Zitiert als: *Habersack*, ZHR (177) 2013, S.
Habersack, Mathias / Schürnbrand, Jan	Die Rechtsnatur der Haftung aus §§ 93 Abs. 3 AktG, 43 Abs. 3 GmbHG (§§ 93 Abs. 3 AktG) In: WM 2005, S. 957 ff. Zitiert als: *Habersack/Schürnbrand*, WM 2005, S.
Hahne, Klaus D.	Änderungen der Kapitalertrags-Besteuerung von Aktien-Dividenden ab 2012 In: AG 2011, S. 503 ff. Zitiert als: *Hahne*, AG 2011, S.
Harbarth, Stephan / Jaspers, Philipp	Verlängerung der Verjährung von Organhaftungsansprüchen durch das Restrukturierungsgesetz In: NZG 2011, S. 368 ff. Zitiert als: *Harbarth/Jaspers*, NZG 2011, S.
Hauschka, Christoph / Moosmayer, Klaus / Lösler, Thomas (Herausgeber)	Corporate Compliance – Handbuch der Haftungsvermeidung im Unternehmen, 3. Auflage, 2016 Zitiert als: Hauschka/Moosmayer/Lösler/*Bearbeiter*, § Rn.
Häublein, Martin / Hoffmann-Theinert, Roland (Herausgeber)	BeckOK HGB, 26. Edition, 2019 Zitiert als: BeckOK HGB/*Bearbeiter*, § Rn.

von Heintschel-Heinegg, Bernd (Herausgeber)	BeckOK StGB, 44. Edition, 2019 *Zitiert als: BeckOK StGB/Bearbeiter, § Rn.*
Helmrich, Jan	Zur Strafbarkeit bei fehlenden oder unzureichenden Risikomanagementsystemen in Unternehmen am Beispiel der AG In: NZG 2011, S. 1252 ff. *Zitiert als: Helmrich, NZG 2011, S.*
Henke, Christoph	Plädoyer für kürzere Legitimationsketten in der Europäischen Union In: EuR 2010, S. 118 ff. *Zitiert als: Henke, EuR 2010, S.*
Henssler, Martin / Strohn, Lutz (Herausgeber)	Gesellschaftsrecht, Band 62, 4. Auflage, 2019 *Zitiert als: Henssler/Strohn/Bearbeiter, § Gesetz Rn.*
Hirte, Heribert / Mülbert, Peter / Roth, Markus (Herausgeber)	Aktiengesetz – Großkommentar, Band 4, 5. Auflage, 2015 *Zitiert als: GK AktG/Bearbeiter, § Rn.*
Hölters, Wolfgang (Herausgeber)	Aktiengesetz – Kommentar, 3. Auflage, 2017 *Zitiert als: Hölters/Bearbeiter, § Rn.*
Höra, Knut (Herausgeber)	Münchener Anwalts Handbuch – Versicherungsrecht, 4. Auflage, 2017 *Zitiert als: MAH VersR/Bearbeiter, § Rn.*
Hoffmann, Andreas / Schieffer, Anita	Pflichten des Vorstands bei der Ausgestaltung einer ordnungsgemäßen Compliance-Organisation In: NZG 2017, S. 401 ff. *Zitiert als: Hoffmann/Schieffer, NZG 2017, S.*
Hoffmann, Philipp	Risikomanagementsysteme aus ökonomischer und juristischer Sicht – Große Unterschiede und nur wenige Gemeinsamkeiten In: KSI 2017, S. 258 ff.

	Zitiert als: *Hoffmann*, KSI 2017, S.
Hoffmann-Becking, Michael (Herausgeber)	Münchener Handbuch des Gesellschaftsrechts, Band 4, 4. Auflage, 2015 Zitiert als: Münch. Hdb. GesR/*Bearbeiter* § Rn.
Holle, Philipp Maximilian	Die Binnenhaftung des Vorstands bei unklarer Rechtslage In: AG 2016, S. 270 ff Zitiert als: *Holle*, AG 2016, S.
Hüffer, Uwe (Begründer) / Koch, Jens	Beck'sche Kurzkommentare – Aktiengesetz, Band 53, 13. Auflage, 2018 Zitiert als: Hüffer/Koch/*Koch*, § Rn.
Ihrig, Hans-Christoph	Reformbedarf beim Haftungstatbestand des § 93 AktG (§ 93 AktG) In: WM 2004, S. 2098 ff. Zitiert als: *Ihrig*, WM 2004, S.
Joecks, Wolfgang / Miebach, Klaus (Herausgeber)	Münchener Kommentar zum StGB, Band 1, 3. Auflage, 2017 Zitiert als: MüKoStGB/*Bearbeiter*, § Rn.
van Kann, Jürgen	Zwingender Selbstbehalt bei der D&O-Versicherung – Gut gemeint, aber auch gut gemacht? – Änderungsbedarf an D&O-Versicherungen durch das VorstAG In: NZG 2009, S. 1010 ff. Zitiert in: *van Kann*, NZG 2009, S.
Kerst, Andreas	Haftungsmanagement durch die D&O-Versicherung nach Einführung des aktienrechtlichen Selbstbehaltes in § 93 Abs. 2 Satz 3 AktG (§ 93 Abs. 2 Satz 3 AktG) In: WM 2010, S. 594 ff. Zitiert als: *Kerst*, WM 2010, S.
Kindhäuser, Urs / Neumann, Ulfrid /	Strafgesetzbuch – Kommentar, 5. Auflage, 2017

Paeffgen, Hans-Ullrich (Herausgeber)	Zitiert als: Kindhäuser/Neumann/Paeffgen/*Bearbeiter*, § Rn.
Klein, Franz / Orlopp, Gerd (Begründer)	Abgabenordnung einschließlich Steuerstrafrecht – Kommentar, 14. Auflage, 2018 Zitiert als: Klein/*Bearbeiter* AO § Rn.
Klein, Hartmut	Gewaltenteilung – Umgang der Finanzverwaltung mit der Legislative am Beispiel der Cum-ex-Geschäfte In: BB 2013, S. 1054 ff. Zitiert als: *Klein*, BB 2013, S.
Klein, Karen / Ott, Nicolas	Hindsight Bias bei der Vorstandshaftung wegen Compliance-Verstößen – Auswirkungen und Methoden des Debiasing In: AG 2017, S. 209 ff. Zitiert als: *Klein/Ott*, AG 2017, S.
Kleutgens, Ingo	Cum/ex- bzw. cum/cum-Altfälle: Zahlungsverjährung nach § 228 AO bei Rückforderungen bereits erstatteter oder angerechneter Kapitalertragsteuer (§ 228 AO) In: FR 2018, S. 774 ff. Zitiert als: *Kleutgens*, FR 2018, S.
Klöhn, Lars / Schmolke, Klaus Ulrich	Unternehmensreputation (Corporate Reputation) – Ökonomische Erkenntnisse und ihre Bedeutung im Gesellschafts- und Kapitalmarktrecht In: NZG 2015, S. 689 ff. Zitiert als: *Klöhn/Schmolke*, NZG 2015, S.
Knauer, Christoph / Schomburg, Sören	Cum/Ex-Geschäfte – kommen Strafrechtsdogmatik und Strafrechtspraxis an ihre Grenzen? In: NStZ 2019, S. 305 ff. Zitiert als: *Knauer/Schomburg*, NStZ 2019, S.

Knigge, Dagmar / Wittig, Petra	Die zivil-, steuer- und strafrechtlichen Dimensionen von Cum/Ex- und Cum/Cum Geschäften – Ein Überblick (Teil I) In: ZWH 2019, S. 37 ff. Zitiert als: *Knigge/Wittig*, ZWH 2019, S.
Kocher, Dirk	Zur Reichweite der Business Judgement Rule In: CCZ 2009, S. 215 ff. Zitiert als: *Kocher*, CCZ 2009, S.
Kremer, Thomas / Bachmann, Gregor / Lutter, Marcus / Werder, Axel	Deutscher Corporate Governance Kodex – Kodex- Kommentar, 7. Auflage, 2018 Zitiert als: KBLW/*Bearbeiter*, Teil Rn.
Krumm, Marcel / Seer, Roman	Die Kriminalisierung der Cum-/Ex-Geschäfte als Herausforderung für den Rechtsstaat (Teil 1) In: DStR 2013, S. 1757 ff. Zitiert als: *Seer/Krumm*, DStR 2013, S.
Krüger, Wolfgang / Rauscher, Thomas (Herausgeber)	Münchener Kommentar zur Zivilprozessordnung mit Gerichtsverfassungsgesetz und Nebengesetzen, Band 1, 6. Auflage, 2020 Zitiert als: MüKoZPO/*Bearbeiter*, § Rn.
Lackner, Karl / Kühl, Kristian (Herausgeber)	Strafgesetzbuch – Kommentar, 29. Auflage, 2018 Zitiert als: Lackner/Kühl/*Bearbeiter*, § Rn.
Langenbucher, Katja	Vorstandshaftung und Legalitätspflicht in regulierten Branchen In: ZBB 2013, S. 16 ff. Zitiert als: *Langenbucher*, ZBB 2013, S.
Limperg, Bettina / Oetker, Harmut / Rixecker, Roland / Säcker, Franz Jürgen (Herausgeber)	Münchener Kommentar zum Bürgerlichen Gesetzbuch, Band 1, 8. Auflage, 2018 Zitiert als: MüKoBGB/*Bearbeiter*, § Rn.
Limperg, Bettina /	Münchener Kommentar zum Bürgerlichen Gesetzbuch, Band 2, 8. Auflage, 2019

Oetker, Harmut / Rixecker, Roland / Säcker, Franz Jürgen (Herausgeber)	Zitiert als: MüKoBGB/*Bearbeiter*, § Rn.
Limperg, Bettina / Oetker, Harmut / Rixecker, Roland / Säcker, Franz Jürgen (Herausgeber)	Münchener Kommentar zum Bürgerlichen Gesetzbuch, Band 3, 8. Auflage, 2019 Zitiert als: MüKoBGB/*Bearbeiter*, § Rn.
Limperg, Bettina / Oetker, Harmut / Rixecker, Roland / Säcker, Franz Jürgen (Herausgeber)	Münchener Kommentar zum Bürgerlichen Gesetzbuch, Band 5/2, 7. Auflage, 2017 Zitiert als: MüKoBGB/*Bearbeiter*, § Rn.
Limperg, Bettina / Oetker, Harmut / Rixecker, Roland / Säcker, Franz Jürgen (Herausgeber)	Münchener Kommentar zum Bürgerlichen Gesetzbuch, Band 6, 7. Auflage, 2017 Zitiert als: MüKoBGB/*Bearbeiter*, § Rn.
Limperg, Bettina / Oetker, Harmut / Rixecker, Roland / Säcker, Franz Jürgen (Herausgeber)	Münchener Kommentar zum Bürgerlichen Gesetzbuch, Band 12, 7. Auflage, 2018 Zitiert als: MüKoBGB/*Bearbeiter*, Teil Rn.
Lüdemann, Jörn	Die verfassungskonforme Auslegung von Gesetzen In: JuS 2004, S. 27 ff. Zitiert als: *Lüdemann*, JuS 2004, S.
Lüneborg, Cäcilie / Resch, André Pierre	Die Ersatzfähigkeit von Kosten interner Ermittlungen und sonstiger Rechtsberatung im Rahmen der Organhaftung In: NZG 2018, S. 209 ff. Zitiert als: *Lüneborg/Resch*, NZG 2018, S.
Lutter, Marcus	Die Business Judgment Rule und ihre praktische Anwendung In: ZIP 2007, S. 841 ff. Zitiert als: *Lutter*, ZIP 2007, S.

Majer, Friedrich / Popescu, Paul	Der nachbarrechtliche Ausgleichsanspruch – Grenzen der Analogie zu § 906 II 2 BGB mit Fallübersicht In: NZM 2009, S. 181 ff. Zitiert als: *Majer/Popescu*, NZM 2009, S.
Maunz, Theodor / Dürig, Günter (Begründer)	Grundgesetz – Kommentar, Band 1, 87. Ergänzungslieferung, 2019 Zitiert als: Maunz/Dürig/*Bearbeiter*, Art. Rn.
Merkt, Hanno / Mylich, Falk	Einlage eigener Aktien und Rechtsrat durch Aufsichtsrat – Zwei aktienrechtliche Fragen im Lichte der ISION-Entscheidung des BGH In: NZG 2012, S. 525 ff. Zitiert als: *Merkt/Mylich*, NZG 2012, S.
Mertens, Hans-Joachim	Bedarf der Abschluß einer D & O Versicherung durch die Aktiengesellschaft der Zustimmung der Hauptversammlung? In: AG 2000, S. 447 ff. Zitiert als: *Mertens*, AG 2000, S.
Michalski, Lutz (Begründer) / Heidinger, Andreas / Leible, Stefan / Schmidt, Jessica (Herausgeber)	Kommentar zum Gesetz betreffend die Gesellschaften mit beschränkter Haftung (GmbH-Gesetz), Band 2, 3. Auflage, 2017 Zitiert als: MHLS/*Bearbeiter*, § Rn.
Müller-Glöge, Rudi / Preis, Ulrich / Schmidt, Ingrid (Herausgeber)	Erfurter Kommentar zum Arbeitsrecht, Band 51, 19. Auflage, 2019 Zitiert als: ErfKArbR/*Bearbeiter*, § Gesetz Rn.
Nietsch, Michael	Geschäftsleiterermessen und Unternehmensorganisation bei der AG In: ZGR 2015, S. 631 ff. Zitiert als: *Nietsch*, ZGR 2015, S.
Oetker, Hartmut (Herausgeber)	Handelsgesetzbuch – Kommentar, 6. Auflage, 2019

	Zitiert als: Oetker/*Bearbeiter*, § Rn.
Ott, Nicolas / Reichert, Jochem	Non Compliance in der AG – Vorstandspflichten im Zusammenhang mit der Vermeidung, Aufklärung und Sanktionierung von Rechtsverstößen In: ZIP 2009, S. 2173 ff. Zitiert als: *Ott/Reichert*, ZIP 2009, S.
Paefgen, Walter G.	Dogmatische Grundlagen, Anwendungsbereich und Formulierung einer Business Judgement Rule im künftigen UMAG In: AG 2004, S. 245 ff. Zitiert als: *Paefgen*, AG 2004, S.
Paefgen, Walter G.	Organhaftung: Bestandsaufnahme und Zukunfsperspektiven – Ein kritischer Werkstattbericht vor dem Hintergrund der Beratungen des 70. Deutschen Juristentages 2014 In: AG 2014, S. 554 ff. Zitiert als: *Paefgen*, AG 2014, S.
Palandt, Otto (Begründer)	Palandt Bürgerliches Gesetzbuch mit Nebengesetzen, 75. Auflage, 2016 Zitiert als: Palandt/*Bearbeiter*, § Rn.
Park, Tido (Herausgeber)	Kapitalmarktstrafrecht – Straftaten, Ordnungswidrigkeiten, Finanzaufsicht, Compliance – Handkommentar, 5. Auflage, 2019 Zitiert als: Park/*Bearbeiter*, Kap. Rn.
Peters, Kai	Angemessene Informationsbasis als Voraussetzung pflichtgemäßen Vorstandshandelns In: AG 2010, S. 811 ff. Zitiert als: *Peters*, AG 2010, S.
Pfirrmann, Volker / Rosenke, Torsten / Wagner, Klaus J. (Herausgeber)	BeckOK AO, 10. Edition, 2019 Zitiert als: BeckOK AO/*Bearbeiter*, § Rn.

Podewils, Felix	Cum-ex-Geschäfte („Dividendenstripping") weiterhin im Focus – steuerliche und strafrechtliche Implikationen In: FR 2013, S. 481 ff. Zitiert als: *Podewils*, FR 2013, S.
Roth, Günter (Begründer) / Altmeppen, Holger (Fortführer)	Gesetz betreffend die Gesellschaften mit beschränkter Haftung – Kommentar, 9. Auflage, 2019 Zitiert als: Roth/Altmeppen/*Bearbeiter*, § Rn.
Rowedder, Heinz (Begründer) / Schmidt-Leithoff, Christian (Herausgeber)	Gesetz betreffend die Gesellschaften mit beschränkter Haftung – Kommentar, 6. Auflage, 2017 Zitiert als: Rowedder/Schmidt-Leithoff/*Bearbeiter*, § Rn.
Säcker, Franz Jürgen	Gesellschaftsrechtliche Grenzen spekulativer Finanztermingeschäfte – Überlegungen aus Anlass der Garantieerklärung der Bundesregierung für die Hypo Real Estate Group In: NJW 2008, S. 3313 ff. Zitiert als: *Säcker*, NJW 2008, S.
Saenger, Ingo (Herausgeber)	Zivilprozessordnung Familienverfahren, Gerichtsverfassung, Europäisches Verfahrensrecht – Handkommentar, 8. Auflage, 2019 Zitiert als: Hk-ZPO/*Bearbeiter*, § Rn.
Schäfer, Carsten	Die Binnenhaftung von Vorstand und Aufsichtsrat nach der Renovierung durch das UMAG In: ZIP 2005, S. 1253 ff. Zitiert als: *Schäfer*, ZIP 2005, S.
Schäfers, Dominik	Einführung in die Methodik der Gesetzesauslegung In: JuS 2015, S. 875 ff. Zitiert als: *Schäfers*, JuS 2015, S.

Schaub, Bernhard / Schüppen, Matthias (Herausgeber)	Münchener Anwalts Handbuch Aktienrecht, 3. Auflage, 2018 Zitiert als: MAH AktienR/*Bearbeiter*, § Rn.
von Schenk, Kersten	Handlungsbedarf bei der D&O-Versicherung In: NZG 2015, S. 494 ff. Zitiert als: *von Schenk*, NZG 2015, S.
Schnitger, Arne	Änderungen im Jahressteuergesetz 2008 (JStG 2008) In: IStR 2008, S. 124 ff. Zitiert als: *Schnitger*, IStR 2008, S.
Schön, Wolfgang	Cum-/Ex-Geschäfte – materiell-rechtliche und verfahrensrechtliche Fragen In: RdF 2015, S. 115 ff. Zitiert als: *Schön*, RdF 2015, S.
Schönke, Adolf (Begründer) / Schröder, Horst (Fortführer)	Strafgesetzbuch – Kommentar, 30. Auflage, 2019 Zitiert als: Schönke/Schröder/*Bearbeiter*, § Rn.
Scholz, Philipp	Die Haftung bei Verstößen gegen die Business Judgement Rule In: AG 2015, S. 222 ff. Zitiert als: *Scholz*, AG 2015, S.
Scholz, Philipp	Haftungsprivileg, safe harbor oder verbindliche Konkretisierung des allgemeinen Sorgfaltsmaßstabs? – Zur zivilrechtlichen Erfassung der deutschen Business Judgement Rule (§ 93 Abs. 1 Satz 2 AktG) In: AG 2018, S. 173 ff. Zitiert als: *Scholz*, AG 2018, S.
Schröder, Ulrich Jan	Der Schutzbereich der Grundrechte In: JA 2016, S. 641 ff.

	Zitiert als: *Schröder*, JA 2016, S.
Schütz, Carsten	UMAG Reloaded – Der Regierungsentwurf eines Gesetzes zur Unternehmensintegrität und Modernisierung des Anfechtungsrechts (UMAG) vom 17.11.2004 In: NZG 2005, S. 5 ff Zitiert als: *Schütz*, NZG 2005, S.
Schulze, Reiner (Herausgeber)	Bürgerliches Gesetzbuch – Handkommentar, 10. Auflage, 2019 Zitiert als: Schulze/*Bearbeiter*, § Rn.
Seibert, Ulrich	UMAG und Hauptversammlung – Der Regierungsentwurf eines Gesetzes zur Unternehmensintegrität und Modernisierung des Anfechtungsrechts (UMAG) In: WM 2005, S. 157 ff. Zitiert als: *Seibert*, WM 2005, S.
Sonnenberg, Thomas	Compliance-Systeme in Unternehmen – Einrichtung, Ausgestaltung und praktische Herausforderungen In: JuS 2017, S. 917 ff. Zitiert als: *Sonnenberg*, JuS 2017, S.
Spickhoff, Andreas (Herausgeber)	Beck'sche Kurz Kommentare – Medizinrecht, Band 64, 3. Auflage, 2018 Zitiert als: Spickhoff/*Bearbeiter*, § Gesetz Rn.
Spießhofer, Birgit	Compliance und Corporate Social Responsibility In: NZG 2018, S. 441 ff. Zitiert als: *Spießhofer*, NZG 2018, S.
Spindler, Gerald	Haftung und Aktionärsklage nach dem neuen UMAG In: NZG 2005, S. 865 ff. Zitiert als: *Spindler*, NZG 2005, S.

Spindler, Gerald / Stilz, Eberhard (Herausgeber)	Kommentar zum Aktiengesetz, Band 1, 4. Auflage, 2019 Zitiert als: Spindler/Stilz/*Bearbeiter*, § Rn.
Ständige Deputation des Deutschen Juristentages (Herausgeber)	Verhandlungen des dreiundsechzigsten Deutschen Juristentages, Band II/1, 2000 Zitiert als: *Deutscher Juristentag*, Verhandlungen des dreiundsechzigsten Deutschen Juristentages, S. O
Ständige Deputation des Deutschen Juristentages (Herausgeber)	Verhandlungen des 70. Deutschen Juristentages, Band II/1, 2014 Zitiert als: *Deutscher Juristentag*, Verhandlungen des 70. Deutschen Juristentages, S. N
Steffek, Felix	Die Innenhaftung von Vorständen und Geschäftsführern – Ökonomische Zusammenhänge und rechtliche Grundlagen In: JuS 2010, S. 295 ff. Zitiert als: *Steffek*, JuS 2010, S.
Stürner, Rolf (Herausgeber)	Bürgerliches Gesetzbuch mit Rom-I-, Rom-II-VO, EuUnthVO/HUntProt und EuErbVO – Kommentar, 17. Auflage, 2018 Zitiert als: JauernigBGB/*Bearbeiter*, § Rn.
Theisen, Manuel René	Grundsätze ordnungsgemäßer Kontrolle und Beratung der Geschäftsführung durch den Aufsichtsrat In: AG 1995, S, 193 ff. Zitiert als: *Theisen*, AG 1995, S.
Thole, Christoph	Die Legalitätspflicht des Vorstands gegenüber seiner Aktiengesellschaft In: ZHR (173) 2009, S. 504 ff. Zitiert als: *Thole*, ZHR (173) 2009, S.
Thüsing, Gregor / Traut, Johannes	Angemessener Selbstbehalt bei D&O- Versicherungen – Ein Blick auf die Neuerungen nach dem VorstAG

	In: NZA 2010, S. 140 ff.
	Zitiert als: *Thüsing/Traut*, NZA 2010, S.
Thüsing, Gregor	Das Gesetz zur Angemessenheit der Vorstandsvergütung
	In: AG 2009, S. 517 ff.
	Zitiert als: *Thüsing*, AG 2009, S.
Ulmer, Peter	Die Aktionärsklage als Instrument zur Kontrolle des Vorstands- und Aufsichtsratshandelns
	In: ZHR (163) 1999, S. 290 ff.
	Zitiert als: *Ulmer*, ZHR (163) 1999, S.
Ulmer, Peter / Habersack, Mathias / Löbbe, Marc (Herausgeber)	Gesetz betreffend die Gesellschaften mit beschränkter Haftung (GmbHG) – Großkommentar, Band 2, 2. Auflage, 2014
	Zitiert als: Ulmer/*Bearbeiter*, § Rn.
Verse, Dirk	Organhaftung bei unklarer Rechtslage – Raum für eine Legal Judgement Rule?
	In: ZGR 2017, S. 174 ff.
	Zitiert als: *Verse*, ZGR 2017, S.
Wagner, Gerhard	Organhaftung im Interesse der Verhaltenssteuerung – Skizze eines Haftungsregimes
	In: ZHR (178) 2014, S. 227 ff.
	Zitiert als: *Wagner*, ZHR (178) 2014, S.
Wandtke, Artur-Axel / Bullinger, Winfred (Herausgeber)	Praxiskommentar Urheberrecht, 5. Auflage, 2019
	Zitiert als: Wandtke/Bullinger/*Bearbeiter*, § Gesetz Rn.
Weber, Klaus (Herausgeber)	Creifelds kompakt, Rechtswörterbuch, 1. Edition, 2019
	Zitiert als: Weber/*Bearbeiter*, Stichwort
Werner, Rüdiger	Enthaftung durch Vertrauen auf Expertenrat

	In: StBW 2012, S. 619 ff.
	Zitiert als: *Werner*, StBW 2012, S.
Westermann, Harm Peter (Herausgeber)	Erman BGB – Kommentar, 15. Auflage, 2017 Zitiert als: Erman BGB/*Bearbeiter*, § Rn.
Wicke, Hartmut	Gesetz betreffend die Gesellschaft mit beschränkter Haftung (GmbHG) – Kommentar, 3. Auflage, 2016 Zitiert als: *Wicke*, § Rn.
Wiegand, Daniel (Herausgeber)	Staudinger BGB – Kommentar zum Bürgerlichen Gesetzbuch mit Einführungsgesetz und Nebengesetzen, §§ 90 – 124; §§ 130 – 133, Neubearbeitung 2017 Zitiert als: StaudingerBGB/*Bearbeiter*, § Rn.
Wiegand, Daniel (Herausgeber)	Staudinger BGB – Kommentar zum Bürgerlichen Gesetzbuch mit Einführungsgesetz und Nebengesetzen, §§ 134 – 138; ProstG, Neubearbeitung 2017 Zitiert als: StaudingerBGB/*Bearbeiter*, § Rn.
Wiegand, Daniel (Herausgeber)	Staudinger BGB – Kommentar zum Bürgerlichen Gesetzbuch mit Einführungsgesetz und Nebengesetzen, §§ 255 – 304, Neubearbeitung 2019 Zitiert als: StaudingerBGB/*Bearbeiter*, § Rn.
Wiegand, Daniel (Herausgeber)	Staudinger BGB – Kommentar zum Bürgerlichen Gesetzbuch mit Einführungsgesetz und Nebengesetzen, § 823 A-D, Neubearbeitung 2017 Zitiert als: StaudingerBGB/*Bearbeiter*, § Rn.
Wiegand, Daniel (Herausgeber)	Staudinger BGB – Kommentar zum Bürgerlichen Gesetzbuch mit Einführungsgesetz und Nebengesetzen, §§ 823 E-I, 824, 825, Neubearbeitung 2009 Zitiert als: StaudingerBGB/*Bearbeiter*, § Rn.
Wiek, Karl Friedrich	Berufsbedarf – Besprechung von BGH, Urteil vom 26.9.2012 – VIII ZR 330/11, WuM 2012,684 –

In: WuM 2013, S. 271 ff.

Zitiert als: *Wiek*, WuM 2013, S.

Wiersch, Rachid René	Geschäftsleiterpflichten bei Gewährung von Kulanzleistungen In: NZG 2013, S. 1206 ff. Zitiert als: *Wiersch*, NZG 2013, S.
Wöhe, Günter (Begründer) / Döring, Ulrich	Einführung in die Allgemeine Betriebswirtschaftslehre, 25. Auflage, 2013 Zitiert als: *Wöhe/Döring*, Einführung in die Allgemeine Betriebswirtschaftslehre, S.
Ziemons, Hildegard / Jaeger, Carsten / Pöschke, Moritz	BeckOK GmbHG, 40. Edition, 2019 Zitiert als: BeckOK GmbHG/*Bearbeiter*, § Rn.

Ehrenwörtliche Erklärung

Hiermit versichere ich, dass ich die vorliegende Arbeit selbstständig und ohne Benutzung anderer als der angegebenen Hilfsmittel angefertigt habe. Alle Stellen, die wörtlich oder sinngemäß aus veröffentlichten und nicht veröffentlichten Schriften entnommen sind, sind als solche kenntlich gemacht. Die Arbeit hat in gleicher Form noch keiner anderen Prüfbehörde vorgelegen.

Frankfurt am Main, den 16. Dezember 2019

_____

Max Willen

© Der/die Autor(en) 2021
M. Willen, *Die Business Judgement Rule*, Business, Economics, and Law, https://doi.org/10.1007/978-3-658-31322-7

The manufacturer's authorised representative in the EU is Springer Nature Customer Service Centre GmbH, Europaplatz 3, 69115 Heidelberg, Germany. If you have any concerns regarding our products, please contact ProductSafety@springernature.com

Printed and bound by CPI Group (UK) Ltd, Croydon, CR0 4YY

28/04/2026

02098536-0002